Brigitte Scheidt

Neue Wege im Berufsleben

*Ein Ratgeber-, Kurs- und Arbeitsbuch
zur beruflichen Neuorientierung*

wbv.basic

Die Deutsche Bibliothek – CIP-Einheitsaufnahme

Scheidt, Brigitte:
Neue Wege im Berufsleben
Ein Ratgeber-, Kurs- und Arbeitsbuch zur beruflichen Neuorientierung
Brigitte Scheidt. – Bielefeld: Bertelsmann, 2005

ISBN 3-7639-3418-9

Verlag:
W. Bertelsmann Verlag
GmbH & Co. KG
Postfach 10 06 33
33506 Bielefeld

Gesamtherstellung:
W. Bertelsmann Verlag, Bielefeld

Manuskript:
Brigitte Scheidt

Gestaltung:
lok.design division,
Marion Schnepf, Bielefeld

ISBN 3-7639-3418-9
Bestell-Nr. 60.01.518a

Inhalt

Sehr geehrte Leserin, sehr geehrter Leser,

 ich freue mich, dass mein Ansatz zur beruflichen Neuorientierung bei Medien wie bei Lesern und Leserinnen auf eine so positive Resonanz gestoßen ist. Bereits nach neun Monaten halten Sie ein Exemplar der zweiten Auflage von **Neue Wege im Berufsleben** in der Hand. Kleine Fehler, die sich bekannterweise immer einschleichen, wurden verbessert, das Cover im Zuge der Neugestaltung der Gesamtreihe verändert, ansonsten handelt es sich um eine weitgehend unveränderte Fassung.

Immer wieder höre ich, wie erleichternd es für viele ist zu lesen, dass berufliche Neuorientierung prozesshaft verläuft und nicht einseitig verstandesgemäß planbar ist. Ziel des Prozesses ist es, beruflich das zu (er-)finden, was zu Ihnen passt, und dies umzusetzen. Um dahin zu kommen, ist es sinnvoll, dass Sie sich u.a. mit Ihren beruflichen Träumen, Ihrem Begriff von Erfolg, Ihren Potenzen und Talenten, Ihrer Entwicklungs- und Lerngeschichte wie mit Ihrem bisherigen Berufsweg befassen. Dies ist aufregend und herausfordernd. Manches wird für Sie neu sein, und anderes werden Sie vermutlich danach neu sehen.

Ich bin interessiert zu erfahren, wie es Ihnen auf diesem Weg ergangen ist, ob und welche Hilfestellung dieses Buch für Sie war, was Sie als weiterführend erlebt haben und was Ihnen gefehlt hat. Ihr Feedback hilft uns, dem Verlag und mir, weiter. Wenn Sie Lust haben, schicken Sie mir auch die Geschichte Ihrer beruflichen Neuorientierung zu (info@BrigitteScheidt.de).

Ich wünsche Ihnen bei Ihrer beruflichen Neubestimmung viel Freude und gutes Gelingen.

Brigitte Scheidt

Einführung

„Das kann doch beruflich nicht alles gewesen sein", haben Sie vielleicht manchmal gedacht. Solche und ähnliche Überlegungen kennen viele Menschen. Dabei bleibt es häufig, und das, obwohl der Wunsch nach einer grundsätzlichen beruflichen Veränderung besteht und sich immer wieder meldet.

Wir spielen zwar theoretisch mit der Möglichkeit einer beruflichen Neuorientierung – doch tausend gute Gründe sprechen dagegen. Dazu zählen beispielsweise: die allgemeine wirtschaftliche Situation, die persönliche Lage und schließlich berechtigte Bedenken und Fragen wie: Es ist absurd, aus meiner gut bezahlten Stelle jetzt auszusteigen. Was kann ich überhaupt anderes machen? Bin ich nicht zu alt? Ich kann noch nicht einmal formulieren, was ich beruflich anderes machen will. Alles ist so diffus.

Meine zentrale These lautet:
Eine grundsätzliche berufliche Neu- bzw. Umorientierung erfordert und bedeutet – neben dem Lernen von neuem fachlichem Know-how – auch immer einen psychischen Entwicklungsprozess. An seinem Ende steht – bei Erfolg – eine neue berufliche Identität.

Viele Ratgeber zur beruflichen Neuorientierung (dabei ist es beliebig, an wen sie sich richten) suggerieren uns: man müsse nur herausfinden, was man will, und dann dieses Wissen konsequent umsetzen. In der Regel wird landläufig von einem linearen Prozess ausgegangen, der in etwa so abläuft: Analyse Ihrer Stärken und Schwächen, Einbeziehung Ihrer besonderen Talente und Hobbys, Zielfindung, die richtigen Leute, das richtige Auftreten usw. Das kennen Sie sicherlich alles schon. Nur, es ist häufig so wie auch im sonstigen Leben: Selbst wenn wir erkennen oder eigentlich wissen, was wir gerne tun wollten, so liegen bis zur Umsetzung Welten dazwischen.

Hinzu kommt, dass wir uns nach einigen Jahren Berufserfahrung in einer anderen Lebensphase befinden. Die Entwicklung neuer beruflicher Perspektiven funktioniert in seltenen Fällen so gradlinig wie zu Beginn unseres Berufslebens. Damals war für manche die Richtung und Karriere bereits in Teilen vorgezeichnet, für andere schienen alle Wege im jeweiligen Berufsfeld offen zu

stehen. Warum das nach jahrelanger Berufstätigkeit anders ist
und wie man eine berufliche Neuorientierung erfolgreich gestalten und zu einer neuen beruflichen Identität gelangen kann,
davon handelt dieses Buch.

1. Berufliche Identität: Ich bin, was ich tue

Auf die Frage „Wer sind Sie?" antworten wir häufig ganz selbstverständlich „Ich **bin** Juristin, Ökonom, Meisterin, Stationsarzt,
Lehrerin, Ingenieur, Buchbinder, Ergotherapeutin, Soziologin
oder Sozialarbeiter"; d.h., wir stellen uns anderen vor bzw. wir
werden vorgestellt mit:

* unseren Berufsbezeichnungen: Tierärztin, Musiker;
* Funktionen: Vorsitzender von X, Leiter von Y, zuständig für Z,
  Meister, Unternehmer;
* Titel: Prof., Dr., benannten beruflichen Leistungen (hat ge-
  gründet, hat sich eingesetzt, Träger von);
* Rang: Admiral, Direktor, Chefarzt (hat besondere Bedeutung
  für stark hierarchische Strukturen);
* sowie anderen beruflichen Zusammenhängen (Mitglied von
  einem Verband).

Berufliche Angaben sagen offensichtlich direkt etwas über uns
aus. Ich bin Lehrer, I'm a teacher, je suis professeur. Allein in
diesen drei Sprachen weist die Verbindung **ich** und **sein** bereits
darauf hin, dass der berufliche Bereich mit unterschiedlichen
Facetten in unseren Kulturkreisen als Teil einer Person erlebt
und betrachtet wird. Wir sprechen in diesem Zusammenhang
über berufliche Identität.

**Immer dann, wenn der Begriff Identität benutzt wird, wird über
den Kern oder den vermuteten Kern unserer Persönlichkeit gesprochen – über das, was uns ausmacht.**

Zum Begriff Identität
Unter Identität versteht die Psychologie wie auch andere Sozial-
wissenschaften im weitesten Sinne die Summe der wesentlichen Merkmale eines Menschen, mit denen er sich über die
Zeit und die Veränderung der Umwelt gleich erlebt und für die
anderen gleich bleibt. Der Begriff leitet sich aus dem Lateini-
schen – idens = gleich – ab.

Identität als Kategorie dient u.a. dazu, Aussagen über die psychische Stabilität von Einzelnen und Gruppen zu machen. Die Grundannahme dabei ist, dass die psychische Stabilität umso größer ist, je besser ein Individuum seine Loslösung von seiner Herkunftsfamilie bewältigt hat und sich als ein eigenständiges Wesen versteht und handelt. Neben der Entwicklung von Autonomie gehört zu einer positiv entwickelten Identität, in der Lage zu sein, sich mit Anforderungen und Rollen, die an jeden gestellt werden, zu identifizieren, z.B. mit seiner Geschlechterrolle. Eigene Entscheidungen sollten getroffen werden können, und es erfolgt nach und nach eine Art Selbstdefinition durch Positionierung zur Welt. Mögliche Kriterien sind dabei: Was ist mir wichtig? Wohin und zu wem gehöre ich? Was halte ich für richtig? Was für ein Mensch bin ich?

Die grundlegende Identitätsfindung als Mensch vollzieht sich in der Regel in der Pubertätsphase. Wenn die Identitätsbildung positiv verlaufen ist, dann sind die Haltungen und Werte Teil der eigenen Person geworden und wirken über weite Strecken des Lebens handlungsanleitend. Eine spezielle berufliche Identität entwickelt sich darauf aufbauend später, vor allem in den ersten Berufsjahren.

Die Kontinuität des Selbsterlebens gilt als ein zentraler Aspekt der Identität. Sich treu zu sein, sich selbst über einen größeren Zeitraum als berechenbar zu erleben und für andere zu sein, gibt Sicherheit und psychische Gesundheit. Auffällig ist, dass es keine einheitliche Definition gibt, was die Identität eines Menschen ist. Vielmehr ist es üblich, über Teilidentitäten zu sprechen, daher auch hier: berufliche Identität.

Angesichts der vielfältigen Anforderungen, die an jeden Einzelnen von uns in ganz unterschiedlichen Umfeldern gestellt werden, scheint dies zu der Fragmentierung unserer Lebensbereiche zu passen. Die meisten Menschen bilden Identitäten bezogen auf einen jeweiligen Teilbereich aus, was dazu führt, dass die gleiche Person in unterschiedlichen Funktionen sich unterschiedlich verhält und entsprechend verschieden erlebt wird. So erscheint jemand beispielsweise in seinem Beruf als Arzt duldsam, als Vorgesetzter autoritär, zu Gleichgestellten sehr kollegial. Im Privaten ist er als Vater ungeduldig, als Ehemann widersprüchlich, als Freund großzügig. Als Funktionär ist jemand in der Rolle des Gemeinderates rigide, als Politiker integer.

An dieser Stelle möchte ich noch betonen, dass die Identitätsbildung oft nicht idealtypisch verläuft und auch nicht mit der Pu-
bertät abgeschlossen ist. Die Ausprägungen zeigen sich mit
den Jahren, dabei findet eine Verfestigung statt.

Einschnitte in den eigenen Lebensbedingungen sowie starke Anforderungen des Umfelds können eine Modifizierung oder Neu-
definition ermöglichen bzw. erforderlich machen.

Die berufliche Tätigkeit wird also allgemein als ein wesentlicher
Bestandteil der Identität angesehen. Im Alltag handeln wir entsprechend. Die mit diesen Selbstverständlichkeiten verbundenen Implikationen werden dabei oft übersehen.

Wenn Sie sich in Ihrem Bekanntenkreis umschauen, dann fallen Ihnen sicherlich Menschen ein, die durch ihre Tätigkeit und
Ausbildung in der Art ihres Denkens geprägt sind und daraus
Habitus und Status ableiten. Im Gegenzug tendieren wir dazu,
ihnen diese wiederum zuzuschreiben.

Besonders deutlich werden solche Verhaltensweisen z.B. bei
Ärzten und Juristen, die einen ganz ausgeprägten eigenen Umgang untereinander pflegen. Er drückt sich in Sprache (Herr Kol-
lege), in Kleidung (Kittel, Robe) aus und wird so für andere sichtbar. Vergleichbares gilt für die meisten Angehörigen anderer
Berufsfelder, seien es nun Banker, Personen aus dem Medien-
geschäft oder Menschen mit sozialen Berufen. Ob Managerin,
Handwerker, Vertreterin oder Unternehmensberater, viele von
uns betrachten den Beruf ganz selbstverständlich als zur eigenen Person gehörig. Er bestimmt u.a. unsere soziale Rolle in der
Gesellschaft und viele der jeweiligen Reaktionen.

2. Berufliche Veränderung als Wachstumsprozess

**Eine berufliche Neuorientierung wird zwangsläufig Einfluss auf
die Identität eines Menschen haben und haben müssen. Identi-
tätsveränderungen verlaufen allerdings nach aller Erfahrung nie
linear. Dementsprechend ist auch eine berufliche Neuorientierung kein linearer Prozess.**

In dem vorliegenden Buch wird viel von Prozessen die Rede
sein. Es handelt sich hierbei um innerpsychische Vorgänge, die

sehr individuell sind. Möglichkeiten zu Veränderungen und Entwicklung sind abhängig von der Lerngeschichte, der jeweiligen Biografie, d.h. im Grunde von dem, was jemand an Überzeugungen, Ressourcen und Hypotheken mit sich herumträgt. Entsprechend diesen individuellen Voraussetzungen sind Menschen neuen Ideen und Anforderungen gegenüber unterschiedlich aufgeschlossen.

Vermutlich wurden auch Sie bereits einmal mit einer Idee konfrontiert, die Ihnen auf den ersten Blick fremd erschien. Vermutlich haben Sie begonnen, gedanklich durchzuspielen, wie es wäre wenn ...? Solche Antizipation von Situationen (z.B. Ortswechsel, ein anderer Partner, Aussteigen, berufliche Veränderungen) hilft uns, eine neue Möglichkeit zu überprüfen. Selbst wenn wir eine Idee reizvoll finden, dauert es oft eine Weile, bis wir sie in unserem Leben für umsetzbar halten. Der Einbau einer wirklich neuen Option in unser Handlungsrepertoire verunsichert uns, kollidiert mit anderen Überlegungen und eventuell auch mit unseren Werten.

Es wird hier schon deutlich, dass eine potenzielle Veränderung oder Erweiterung unseres Handlungsrahmens immer sowohl unseren Verstand als auch die Emotion anspricht. In unterschiedlichem Ausmaß antworten wir zunächst mit Abwehrmechanismen, da Menschen dazu tendieren, das Vertraute, Bekannte (egal ob gut oder schlecht) beizubehalten. Zuerst versuchen wir daher häufig, eine neue Anforderung mit unseren alten Mustern und Strategien zu bewältigen. Erst wenn diese Verhaltensweisen aufgrund äußeren oder inneren Druckes nicht mehr greifen, werden unsere Muster und Regeln in Frage gestellt, und wir sind gezwungen, neue Antworten zu finden. Rationale Einsicht reicht dazu nicht. Es handelt sich vielmehr um Prozesse, in denen innerpsychisch das Für und Wider so lange ausgetragen wird, bis wir in der Lage sind, das Neue als Teil unserer Lebenswirklichkeit zu akzeptieren und als zu uns zugehörig zu begreifen.

Berufliche Neuorientierung erfordert folgerichtig, dass Sie sich mit dem, was Sie ausmacht (Ihrer Identität), auseinander setzen und diese Erkenntnisse in Einklang mit Ihren (neuen) Wünschen und Handeln bringen. Eine solche Einheit herzustellen ist zwingend erforderlich und kann nicht in Form eines Programms nach dem Motto „Stärken-Schwächen-Analyse und dann los" bearbeitet werden.

Wenn Sie sich zu einer beruflichen Neuorientierung entschlie-ßen, dann geht es ganz direkt um Sie. Bei einem so bedeutsa-men Vorhaben sollten Sie sorgfältig vorgehen und achtsam mit sich sein. Es lohnt sich, sich gut vorzubereiten. Dazu gehört, dass Sie sich darauf einstellen, dass diese Zeit aufregend und herausfordernd sein wird. Manchmal werden Sie (vermutlich) zweifeln und sich verunsichert fühlen, ein anderes Mal werden Sie voller Zuversicht und Freude sein. Sie sollten um mögliche Schwierigkeiten wissen und wie sie zu meistern sind. Auch wenn der gesamte Prozess in Phasen einteilbar ist, so ist der Rhyth-mus für jeden unterschiedlich. Machen Sie sich also mit dem Gedanken vertraut, es wird nicht (immer) nach Plan gehen. Das alles ist typisch und normal für persönliche Veränderungspro-zesse.

3. Das Buch als Orientierungshilfe

Dieses Buch soll Ihnen eine Orientierungshilfe sein. Anhand ei-nes Fallbeispiels (kursive Schrift) können Sie eine berufliche Neuorientierung als Gesamtprozess mit möglichen Umwegen verfolgen. Die exemplarisch dokumentierten Erfahrungen und Schritte werden jeweils theoretisch eingeordnet und so das Ty-pische für Ihren eigenen Weg nutzbar gemacht. Dabei wird am Beispiel ersichtlich, dass die beiden Fragenkomplexe

1. Was beschäftigt mich? Was ist mein Eigenes? und
2. Was steht an? Was ist zu tun?

diesen Weg bestimmen werden.

Für den Verlauf der Neuorientierung habe ich anhand des Fall-beispiels ein Phasenmodell entwickelt. Diesem zu folgen ermöglicht Ihnen, den Stand Ihres Prozesses zu bestimmen. Damit steht Ih-nen eine Art Kompass zur Verfügung, anhand dessen Sie bei-spielsweise überlegen können, welcher Schritt für Sie ansteht.

Ich hatte die Gelegenheit, durch die Arbeit mit Klienten viele unterschiedliche Entwicklungsprozesse kennen zu lernen. Der vorliegende Text basiert auf den langjährigen Erfahrungen aus Beratung und Therapie und das darauf begründete Wissen um das Wesen von Veränderungen. Während des Schreibens habe ich aus professionellem Interesse, wann immer sich die Möglichkeit ergab, Gespräche mit Menschen, die sich beruflich neu orientiert haben, geführt. Die dort gewonnenen Erkenntnisse haben ebenfalls zu dem Buch beigetragen und die Notwendigkeit nochmals aufgezeigt, Unterstützung für die psychischen Anforderungen, die eine Neuorientierung an den Einzelnen stellt, zu geben.

In der Karriereberatung werden persönliche Umstrukturierungsprozesse bisher ebenfalls häufig kognitiv angesiedelt: Uns wird nahe gelegt, rational zu beschließen, uns anders zu verhalten, weil sich beispielsweise „die Bedingungen verändert haben ...", bzw. unserer Einsicht zu folgen und so Erfahrungen neu zu bewerten.

Im Gegensatz dazu richte ich meinen Blick vor allem auf die innerpsychischen Prozesse, die Sie vermutlich bei einer Neuorientierung erleben werden, und auf Vorschläge zum konstruktiven Umgang damit. Darauf aufbauend erhalten Sie jeweils Anregungen, was Sie ausprobieren können und welche Optionen Ihnen außer den bekannten zur Verfügung stehen.

Ich habe mich um eine allgemein verständliche Sprache bemüht und dabei weitgehend auf Fachsprache verzichtet. Psychologische Grundlagen habe ich explizit dann eingebaut, wenn sie zum besseren Verständnis und zur Einordnung der geschilderten Erfahrungen notwendig sind. Checklisten geben Ihnen zusätzlich Anregungen, Standortbestimmungen vorzunehmen, Blockaden aufzulösen und sich Ihre Ziele zu erarbeiten.

Herausgekommen ist ein Ratgeber für eine „Entdeckungsreise", der Ihnen als praktisches Kurs- und Arbeitsbuch dienen soll.

Zielgruppen

Das vorliegende Buch ist für Sie gedacht, wenn Sie aus eigenem Antrieb eine berufliche Veränderung anstreben. Die Gründe können dafür unterschiedlich sein: Vielleicht fühlen Sie in Ihrer jetzigen Tätigkeit ein diffuses Unbehagen. Vielleicht wollten Sie schon immer etwas anderes/Neues ausprobieren.

Vielleicht ist eine Kündigung ein willkommener Anlass, um Ihren beruflichen Weg neu zu überdenken. Vielleicht sind Sie bereits eine Weile arbeitslos und wollen sich nun neu umtun. Vielleicht wollen Sie nach einer Familienpause wieder neu ins Berufsleben einsteigen. In der Regel gehören Sie zu den Menschen, die relativ gut ausgebildet sind und einige Jahre Berufserfahrung haben. Sollten andere Kriterien auf Sie zutreffen und Sie sich von diesem Text trotzdem angesprochen fühlen, dann gehören Sie ebenfalls zur Zielgruppe.

Ich richte mich an Männer und Frauen. Damit der Text flüssig lesbar ist, habe ich mich dazu entschieden, im Weiteren die männliche Form zu verwenden, wenn beide Geschlechter gemeint sind. Wenn es konkret um Frauen geht, benutze ich die weibliche Form.

Inhalt

Im Verlauf einer beruflichen Neuorientierung verlassen wir sicheres Terrain. Wir begeben uns in ein Neuland, das erkundet werden will. Dazu gehört, dass wir feststellen sollten, ob wir dort überhaupt leben können und wenn ja, unter welchen Bedingungen. Für den anstehenden Prozess bedeutet dies, dass ein psychischer Lernprozess erforderlich ist, in dessen Verlauf u.a. Werte und Regeln wie auch Überzeugungen neu überprüft werden.

Nehmen wir beispielsweise an, ein Manager entdeckt, dass seine künstlerischen Neigungen ausgeprägt und fundiert sind, aber noch nie hat jemand aus seiner Familie sich auf ein – aus ihrer Sicht – so unsolides Gebiet bewegt. Oder ein anderer, im sozialen Bereich tätig, hat eine tolle Geschäftsidee und spielt mit dem Gedanken, sich selbstständig zu machen, aber ihn bremst die Sorge: Was ist mit der Sicherheit, wenn ich nicht mehr angestellt tätig bin?

In beiden Fällen müssen die Betreffenden sich mit den jeweiligen Berufsbildern und neuen Anforderungen identifizieren können, d.h., sie müssen sich vorstellen können, als Künstler bzw. als Unternehmer vor sich und anderen bestehen zu können.

Unabhängig davon, was Ihre zukünftige berufliche Perspektive sein wird, auch Sie müssen sich mit dieser gewählten Tätigkeit identifizieren können. Nur dann ist es Ihnen möglich, diesen neuen beruflichen Weg auch im Einklang mit Ihnen selber zu gehen. Darüber hinaus erhöhen Sie Ihre beruflichen Erfolgschancen eindeutig, wenn Sie von dem, was Sie tun oder tun wollen, überzeugt sind.

4. Phasenmodell der beruflichen Neuorientierung

Die berufliche Neuorientierung habe ich in Phasen eingeteilt. Benannt sind diese nach den jeweils zentralen Themen, die im Vordergrund stehen und „zu leisten" sind. Die fünf Phasen, **Trennungsphase – Öffnungsphase – Suchphase – Findungsphase – Zielphase,** bauen aufeinander auf und gehen fließend ineinander über. Eine herausragende Bedeutung kommt der **Verabschiedung von Vertrautem, von Vergangenem** zu. Mit diesem Prozess beginnt die Neuorientierung schon in der Trennungsphase. Erst dadurch entsteht Platz für Neues. Wir müssen uns beispielsweise zunächst von unserem Arbeitsplatz innerlich wie formal trennen wie auch von vermutlich lieb gewonnenen Vorstellungen. Daher lassen Sie sich von den Begriffen wie Trennung und Verabschiedung nicht verschrecken. Ohne sie gibt es keine Entwicklung im Leben. Der Abschied von Vertrautem begegnet uns folgerichtig in allen Phasen. Aus diesem Grund habe ich diesen Vorgang in Abbildung 1 parallel zu allen Phasen eingeordnet.

Der Text folgt im Grunde diesem idealtypischen Verlauf. Ich weise jedoch (wie aus Abbildung 1 ebenfalls ersichtlich) immer wieder darauf hin, dass die Prozesse vor- und rückläufig sein können, manchmal sogar müssen.

In den folgenden Kapiteln werden Sie kaum etwas zu den üblichen Instrumenten zur Karriereentwicklung wie die „richtige" Nutzung des Internets oder die „ansprechende" Bewerbungsmappe lesen. Dafür gibt es genügend gute Ratgeber.

Stattdessen geht es darum, Ihnen Überlegungen, Erfahrungen und auch Handlungsvorschläge für diesen Prozess als Text zur Verfügung zu stellen, in dem Sie immer wieder nachlesen können. Er soll Sie auf Ihrer Reise unterstützen und begleiten: Ihnen so helfen, den eigenen Entwicklungsprozess besser zu verstehen und konstruktiv zu gestalten. Am Ende soll Ihre neue berufliche Perspektive stehen, eine zweite Karriere, die zu Ihnen passt.

Berufliche Neuorientierung bedeutet Arbeit in einer anderen Form. Selbst wenn Sie formal ohne erwerbsmäßige Beschäftigung sind, ohne Aufgaben und Herausforderungen sind Sie dann jedoch nicht. Machen Sie sich diese Haltung zu Eigen. Dies ist wichtig für Ihr eigenes Selbstverständnis wie für das Auftreten gegenüber Ihrem Umfeld. Wenn Sie sich auf diese Reise begeben, dann ist berufliche Neuorientierung für die nächste Zeit **Ihr Projekt.**

Abb. 1: Phasenmodell der beruflichen Neuorientierung

Schematische Darstellung: In jeder Phase sind zentrale Aufgaben zu bewältigen.

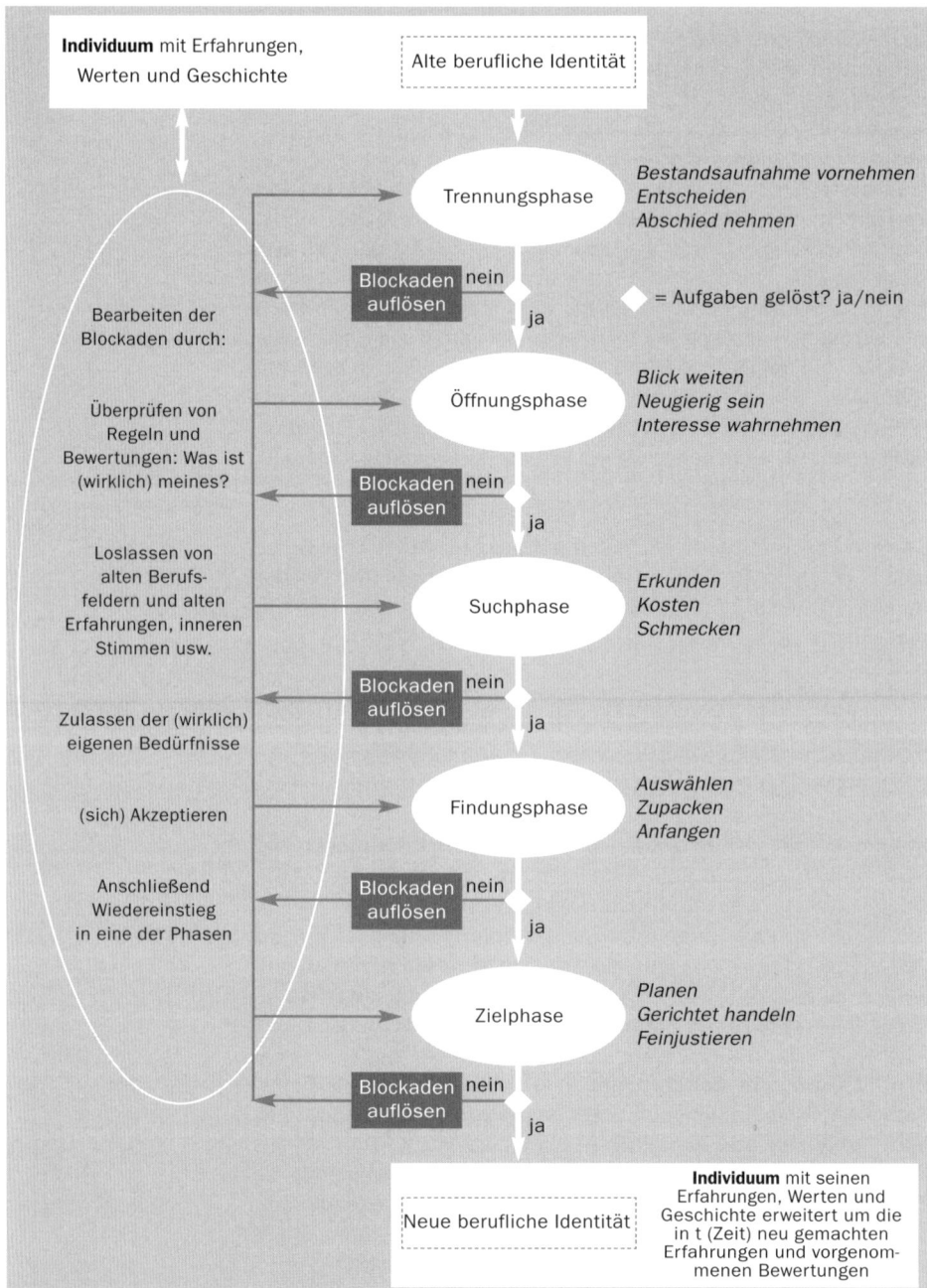

1. Trennungsphase

Vorbemerkung

Die erste Phase beginnt in der Regel schon am alten Arbeitsplatz. Wir haben Gründe, wenn wir ihn aufgeben. Unzufriedenheit, Unbehagen, Lust auf neue Herausforderungen, Neugier. Diese und ähnliche Motive drängen Menschen, sich beruflich neu umzuschauen. Eine innere Motivation treibt uns ebenfalls an, wenn wir Kündigung als Chance sehen, eine Auszeit zu haben, unseren beruflichen Weg zu überdenken und gegebenenfalls neu auszurichten.

Motive für berufliche Veränderung

Die Ausgangslage von Menschen, die (neudeutsch) outgesourct oder einfach gekündigt werden, ist häufig zunächst grundsätzlich unterschiedlich. Sie verlassen ihre Arbeit zwangsweise, d.h., die anstehende Veränderung, die Suche nach einer neuen Betätigung bzw. nach einer neuen Perspektive ist fremdbestimmt. Wenn dies auf Sie zutrifft, müssen Sie für einen solchen Prozess erst eine innere Motivation aufbauen.

Es ist wichtig, dass Sie sich, bevor Sie sich auf diesen Weg einlassen, über Ihre eigentliche Motivation klar werden. Weswegen spielen Sie mit dem Gedanken, sich beruflich zu verändern? Weswegen sind Sie ausgestiegen?

Grundsätzliches

Selbst wenn Menschen sich auf etwas Neues freuen, bedeutet es auch immer, Bekanntes hinter sich (zurück) zu lassen. Eine Situation bewusst zu beenden (Verabschiedung) schafft Freiraum für neue Perspektiven. Neue Bedingungen bringen neben dem Gewinn immer einen Verlust von Möglichkeiten und von Vertrautem.

Dieses Phänomen gilt für den privaten Bereich (z.B. Wechsel vom Singledasein zum Leben in einer Beziehung) und vergleichbar auch für das berufliche Feld. Um gehen zu können, ist es erforderlich **loszulassen,** d.h. zu erkennen, dass man keinen Einfluss (mehr) auf den alten Bereich hat oder haben will: Andere Personen werden jetzt zuständig sein. Das ist eine schein-

Anderen das Feld überlassen

bare Selbstverständlichkeit, die vielen dennoch nicht leicht fällt umzusetzen. Besonders dann, wenn alte Kränkungen und Enttäuschungen aus dem früheren Berufsfeld emotional noch aktuell sind und einer Weiterentwicklung entgegenstehen, fällt das Loslassen schwer. Ob das auch auf Sie zutrifft, werden Sie merken, wenn Sie auf der Stelle treten, ohne zunächst zu wissen, warum.

Verabschiedung von Vertrautem

Verabschiedung von Vertrautem gehört zu diesem Prozess wie zu allen anderen Veränderungsprozessen. Daher ist es nicht ungewöhnlich, wenn Sie immer mal wieder (meist in den späteren Phasen) feststellen werden, dass Sie noch mit Erlebnissen aus den früheren Zusammenhängen und den damit zusammenhängenden Gefühlen beschäftigt sind.

Es ist erforderlich, zu Beginn dieser „Reise" bestimmte Voraussetzungen abzuklären.

Was dazu gehört, wird in den folgenden Abschnitten dieses Kapitels erläutert.

1.1 Gründe für einen Neuanfang

Wie alles anfängt

Entlassungen und Angst vor Arbeitsplatzverlust bestimmen die Schlagzeilen der Tageszeitungen und das Denken vieler Menschen – und dennoch gibt es Gründe, aus eigenem Impuls aus Bestehendem auszusteigen, sich auch in solchen risikoreichen Zeiten neu zu orientieren und woanders quer einzusteigen.

Beispielsweise ist in Amerika eine berufliche Umorientierung in der Mitte des Berufslebens (mid-career) weit verbreitet. Man spricht von einer *mid-career-crisis*.

Überdenken der Lebensplanung

Bei näherer Überlegung erscheint der Wunsch nach einem Wechsel sehr nachvollziehbar. Zu diesem Zeitpunkt haben wir Berufs- und Lebenserfahrung erworben, haben zum Teil gute Positionen erreicht. Nun beginnen viele offensichtlich, ihre Lebensplanung erneut zu überdenken, und dazu gehört selbstverständlich unser Beruf.

Eine zweite Karriere zu riskieren hat es als Phänomen schon früher gegeben. Marlene Dietrich wechselte mit Ende vierzig von der Rolle der Schauspielerin in die einer Sängerin. Nicht nur berühmte Menschen sind beruflich neue Wege gegangen. Nach dem Zweiten Weltkrieg war die zweite Karriere für viele ganz normale Menschen die Regel.

Berufliche Neuorientierung kann ein Ergebnis der persönlichen Lebensplanung sein. Der Schritt zur zweiten Karriere wird in der jetzigen Zeit zusätzlich forciert durch veränderte Rahmenbedingungen, die gekennzeichnet sind durch Personalabbau, verknappte Mittel, Mehrbelastung des Einzelnen und teilweise grundsätzlich neuen Arbeitsbedingungen, in der die Ressource Mensch im Rahmen von Werteverschiebungen nachrangig eingeordnet wird.

Dies hat Folgen: Bereits Ende der neunziger Jahre stellte das Karlsruher Institut für Arbeits- und Sozialhygiene fest, dass 85% von sechstausend untersuchten Managern über Stresserscheinungen wie Schlafstörungen, Reizmagen oder Herzbeschwerden klagten. Eine Studie der Unternehmensberatung Gallup kommt zu dem Ergebnis, dass nur noch 15% der Beschäftigten sich als „engagiert" bezeichnen. Die restlichen leisten Dienst nach Vorschrift bzw. haben innerlich gekündigt.

Die Anlässe auszusteigen sind sicherlich unterschiedlich, sie reichen von: „Ich habe für mich alles in meiner Tätigkeit erreicht, ich möchte andere Fähigkeiten von mir ausprobieren" bis zu: „Ich möchte unter diesen Bedingungen nicht mehr arbeiten – und wenn schon Ausstieg – was gibt es sonst noch".

Auf Elke H., 41 Jahre (zur Vereinfachung Elke genannt), traf Letzteres zu. Elke ist die Protagonistin, deren Erlebnisse und Erfahrungen Ihnen den Prozess einer beruflichen Neuorientierung veranschaulichen sollen. Sie ist eine Berufskollegin, die ich gut kannte. Wir hatten uns einige Monate nicht gesehen, bevor wir uns vor ein paar Jahren wieder trafen. Sie, die immer gerne gearbeitet hatte, war lustlos und kränkelte. Wie sie erzählte, gab es große Veränderungen auf ihrer Arbeitsstelle. Im Laufe des Gesprächs empfahl ich ihr den Besuch bei einem mir bekannten Coach. Und ich hatte plötzlich eine Idee: Ich bin selbst Psychotherapeutin und Coach, und viele meiner Klienten waren beruflich unzufrieden und fragten sich, ob sie ihre Tätigkeit wirklich weitermachen wollten. Ich begleitete viele Personen und war immer wieder überrascht, wie sehr eine berufliche Veränderung sich auf die gesamte Persönlichkeit auswirkte. Diese Situation kannte ich selbst, hatte ich doch vor einigen Jahren auch meinen Wirkungskreis gewechselt. Mein professionelles Interesse an diesem Themenkomplex war immer mehr gewachsen. Ich sagte ihr das, und wir vereinbarten, dass sie mich über das Ergebnis des Besuchs bei diesem Coach informieren würde. Es blieb nicht bei einem Treffen, vielmehr erklärte sie sich im Weiteren bereit, von ihrer Entwicklung zu erzählen. Diese Verabredung erwies sich als sehr weiterführend, da Elke als Kollegin über eine geschulte Introspektionsfähigkeit (Fähigkeit zur Selbstbeobachtung) verfügte. Prozessbezogen waren ihre Erfahrungen, Fortschritte wie Schwierigkeiten, an vielen Stellen derartig typisch und generalisierbar, dass sie sich eigneten, als Anschauungsmaterial für eine berufliche Neuorientierung zu dienen. Gerade für einen Ratgeber zu diesem Thema ist es wichtig, einen Gesamtprozess aufzuzeigen. Von Vorteil war die Begleitung durch einen Dritten (den Coach). Dies ermöglichte eine weitere Draufsicht auf den Verlauf eines solchen Prozesses. Erfahrungen von meinen eigenen Klienten ergänzen bei Bedarf dieses Fallbeispiel.

Elkes Vorgeschichte

Ausgestiegen ist sie aus einem Sozialprojekt, das ihr sehr am Herzen lag. Sie hat es konzipiert, aufgebaut und geleitet. Mehr als 10 Jahre hatte sie mit Menschen, die sich in einer schwierigen sozialen bzw. psychischen Lage befanden, therapeutisch gearbeitet oder sie beraten. Elke hatte diese Tätigkeit aufgrund der vielfältigen Anforderungen lange Zeit befriedigt. Die Klientel setzte sich aus nahezu allen Schichten zusammen. Bildung und Berufe waren breit gestreut. Öffentlichkeits- und Gremienarbeit sowie die interne Organisation fielen ebenfalls vorwiegend in ihre Zuständigkeit. Das Projekt hatte einen guten Ruf, wurde vom Träger wie von der zuständigen Verwaltung lange Zeit als „modellhaft" bezeichnet. Sie hatte fast freie Hand und offensichtlich die Illusion, dass dieser Freiraum selbstverständlich und von Dauer sei. Ihrer Erziehung entsprechend stellte sie – quasi natürlich – ihr Wissen und Können insbesondere Menschen, die ins Abseits geraten waren, zur Verfügung. Aus Überzeugung blieb sie in diesem Projekt über Jahre. Parallel dazu hat sie sich immer weiter qualifiziert.

Nach und nach, schleichend, wurden die Arbeitsbedingungen immer schlechter. Die Änderung der Finanzierungsart des Projektes hatte dramatische Folgen für die Arbeit. Finanzierbarkeit wurde zu **dem Kriterium.** *Sie bestimmte die Art der Hilfestellung und die Beratungs-*

dauer. Die fachliche Sicht musste zurückstehen. Elke hielt dieses Herangehen für falsch und kämpfte dagegen an. Obwohl sie sich immer noch durchsetzte, spürte sie die Veränderungen. Ihre Reputation schwand – sie wurde auf einmal zu einem Fossil, eine Fachfrau, die überholten Qualitätsstandards hinterherlief. Hinzu kam: Sie war zu teuer. Psychologenstellen waren nach den neuen Stellenbeschreibungen nicht mehr vorgesehen. Ihr wurde sogar nahe gelegt, freiwillig für ein geringeres Gehalt zu arbeiten. Man drohte ihr mit dem Arbeitsgericht. Sie war zwar unkündbar, dennoch kränkte sie diese Umgangsweise schwer. Wirklich gemerkt hat sie das wohl erst, als sie anfing, psychosomatisch zu reagieren.

Das Auseinanderdriften von Anspruch und Kostendruck macht vielen Mitarbeitern aus den Bereichen Soziales und Gesundheit zu schaffen. Wachsender Konkurrenzdruck und Arbeitsplatzbelastungen finden sich jedoch in allen Branchen. Menschen sind entsprechend gestresst. *Klassische Ausgangslage*

Betrachten wir die Ausgangsbedingungen von Elke H.:

* hohe Identifikation mit dem Arbeitsplatz,
* gut ausgebildet,
* Illusion von Freiheit und Selbstständigkeit,
* Veränderung der Rahmenbedingungen – Desillusionierung,
* Fremdbestimmung.

Die Verschlechterungen und Einschränkungen führten bei Elke zu Lustlosigkeit bis hin zu psychosomatischen Erscheinungen.

Psychosomatik als Signal

Psychosomatische Erscheinungen können auch für Sie Signale sein, dass Veränderung ansteht. Wenn sich über einen längeren Zeitraum hinweg vorhandene körperliche Symptome verstärken oder neue auftreten, dann lohnt es sich, Fragen wie die folgenden zu stellen:

Checkliste 1: Was sagen meine körperliche Signale?

Was macht mir Kopfschmerzen, Magenschmerzen etc.?

Wovon habe ich die Nase voll?

Wovor ekelt es mich?

Was verachte ich?

Was juckt mich?

Was macht mich dünnhäutig?

Wogegen bin ich allergisch?

Wer oder was sitzt mir im Nacken?

Was lastet auf meinen Schultern/meinem Rücken?

Was geht mir an die Nieren?

Was lässt mir die Galle überlaufen?

Was treibt meinen Blutdruck in die Höhe?

Was macht mir Herzschmerzen oder was lässt mein Herz rasen?

Was macht mich ohnmächtig, was macht mich schwindelig?

Was will ich verhindern?

Was will ich nicht mehr?

Vielleicht werden Sie von Ihren eigenen Antworten überrascht sein. Finden Sie heraus, ob in den Symptomen, die Sie bei sich wahrnehmen, innere Botschaften enthalten sind. Durch eigene Beobachtung, wann und unter welchen Umständen Sie eine körperliche Symptomatik verspüren, wie es Ihnen mit bestimmten Vorgesetzten oder Kollegen geht, wie Ihre Stimmung in bestimmten Besprechungssituationen ist, werden Sie das einfach überprüfen können. Wie Sie sehen, ist es ganz einfach, sprachliche Entsprechungen zu finden, die Ihnen eine Idee geben können, was die mögliche Bedeutung Ihrer Symptome ist.

Erste Idee, sich zu verändern

Auch für Elke waren die körperlichen Reaktionen eine Warnung. Krank zu werden, psychosomatisch zu reagieren, das war für sie eine neue Erfahrung, und es tauchte erstmalig die Idee auf: **zu gehen.** *Gleichzeitig entstand die vage Vorstellung, ihr Platz könne auch woanders sein, nicht nur in sozialen Projekten. Sofort meldete sich das schlechte Gewissen, was sie so beschrieb:*

„Hatte ich ein Recht, meine Klienten zu verlassen? Würde ich anderen Recht geben, die schon immer gesagt haben, ich solle an mein Fortkommen denken und meine Zeit und Können nicht in sozialen Projekten verschwenden?" Elke wusste nicht, wovon sie dann leben sollte, waren doch alle ihre Ersparnisse im Rahmen der Trennung von ihrem Mann aufgebraucht. Aus ihrer Sicht konnte sie also nicht kündigen. Nur, sie merkte, Lust, so zu arbeiten wie bisher, hatte sie auch nicht, mehr noch – ihr Körper spielte nicht mehr mit.

Ohne große Erwartung machte sie den Termin bei dem empfohlenen Coach aus.

Abwehr der Veränderungsidee

Die Unzufriedenheit und Desillusionierung kann so groß sein, dass die Idee von Veränderung auftaucht. Doch noch ist die Vorstellung bei Elke typischerweise so fremd, dass sie mit guten Gründen abgewehrt wird. Aufgrund der psychosomatischen Beschwerden kann der Ist-Zustand jedoch nur schwer auf Dauer aufrechterhalten werden. An diesem Punkt ist es hilfreich, eine Bilanz vorzunehmen.

Schicksal, nimm deinen Lauf!

Da saß sie nun in einem Ledersessel und schilderte einem wildfremden Menschen ihre Situation. Präzise Fragen seinerseits sowie eine Bereitschaft zuzuhören – und sie erzählte. Im Blitztempo lag auf einmal alles auf dem Tisch. Für sie aus heiterem Himmel fielen die Worte „Burn-out". Sie war aufgeschreckt. „Burn-out" war bis jetzt etwas, das nur anderen passieren konnte, doch nicht ihr. Wie Schuppen fiel es ihr von den Augen: Er hatte Recht.

In diesem Gespräch erhielt sie relativ schnell eine andere Sicht der Dinge.

Anhand eines Schemas wurde deutlich, dass **sie wenige Möglichkeiten hatte, die Umstände ihres Arbeitsfeldes zu ändern, also musste sie die Situation für sich ändern.**

Nach diesem einfachen Schema können auch Sie Ihre Überlegungen zu Ihrer Arbeitssituation vorläufig strukturieren. Auf den folgenden Seiten finden Sie weitere Entscheidungshilfen.

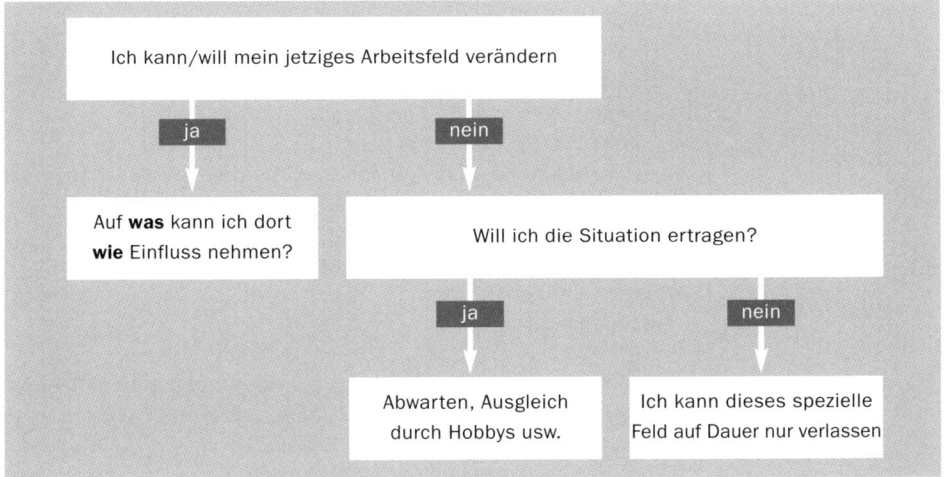

Der Ablaufplan veranschaulicht verschiedene Wahlmöglichkeiten.

Elke wusste nun, dass ihr eigentlich nur eine Möglichkeit blieb. Dennoch konnte sie doch nicht gehen, denn … viele „Wenn" und „Aber" meldeten sich.

Fragen seitens des Coaches, wie beispielsweise „Wenn Sie Ihren Fantasien freien Lauf lassen, was würde Ihnen Spaß machen?", öffneten ihren Blick für neue Möglichkeiten. Die Vorstellung, dass man das Problem mit dem Geld schon regeln könne, wenn sie sich entscheide, war ihr zwar fremd. Doch wie ein Samenkorn war auch dieser Gedanke gelegt. Sie vereinbarten ein nächstes Treffen.

*Elke war plötzlich klar, **so** würde sie nicht mehr weiterarbeiten, doch sah sie noch keinen Weg, dies zu realisieren.*

*Einige Zeit später brachte sie ein Freund auf eine weiterführende Idee. Er, selbst Arbeitgeber, riet ihr, mit ihrem Verband zu verhandeln, schließlich wolle der die Kosten senken und sei an ihrem Weggang interessiert. Ein spannender Gedanke. Sie war nicht mehr bereit, für einen sicheren Arbeitsplatz auf ihre Vorstellungen zu verzichten und stattdessen wider besseren Wissens zu handeln. Sie war sich klar darüber geworden, das hätte nur noch **aushalten** bedeutet.*

Bilanz ziehen Wenn Sie im Zweifel sind, was Sie tun sollten, dann ist es hilfreich, eine Bilanz vorzunehmen. Bei Elke fiel sie so aus:

- Fehlende Bereitschaft, ihre fachlichen Ansprüche zurückzuschrauben.
- Nichtbereitschaft zur Rückstufung von Status und Gehalt.
- Anerkennen, dass die Einflussmöglichkeiten gering sind.
- Anerkennen, dass Energieaufwand und Ergebnis in keinem positiven Verhältnis stehen.
- Anerkennen, dass sie für ihre Klienten nur noch bedingt hilfreich ist.

Das Aufstellen dieser Bilanz machte es ihr möglich, sich die Erlaubnis zu geben zu gehen, ohne sich als „fahnenflüchtig" zu beschuldigen.

Die Aufgabe eines Arbeitsplatzes muss mit den Bildern über die eigene Person übereinstimmen, damit Sie den Schritt vollziehen können. Für den einen mag Loyalität, für andere Sieg oder Niederlage die bestimmenden Faktoren sein. Um entscheiden zu können, ob Sie bleiben oder gehen sollten, ist es sinnvoll, sich darüber klar zu werden: Aus welchen Gründen bleibe ich?

Aus Verstrickungen lösen
Wir können uns erst dann aus einer Verstrickung lösen, eine unbefriedigende Situation erst dann beenden, wenn wir die Realität anerkennen.

Anerkennen der Realität Bei Elke bedeutet das: Sie musste feststellen, dass der Einfluss auf ihren alten Arbeitsbereich nur noch gering bzw. der Aufwand zu groß war, um die Situation (wenn überhaupt möglich) zu verändern. Bevor sie das wirklich begreifen konnte, musste sie sich mit ihren Vorstellungen und Loyalitäten auseinander setzen. Vergleichbare Überlegungen stellen sich auch in anderen Berufsfeldern, wie die folgenden Beispiele zeigen.

Loyalitäten in verschiedenen Berufsfeldern Für einen Ingenieur, der Schwierigkeiten mit dem Führungsstil des neuen Geschäftsführers hatte, lautete in Anlehnung die Frage: „Lasse ich die Firma oder meine Kollegen im Stich?" Eine Verlagsmitarbeiterin überlegte vor ihrem Wechsel: „Ich habe viel Zeit und Engagement für die Entwicklung einer neuen Zeitschrift aufgebracht, soll ich wirklich jetzt den Absprung machen, wo die anderen meine Erfahrung angesichts der anstehenden Veränderungen im Verlag brauchen?" Ebenso stellte sich für den Chemiker, der viel Energie in die Erforschung eines Medikamentes, das er für sehr wichtig hielt, investiert hatte, der Konflikt: „Kann ich, will ich gehen oder warte ich doch noch auf eine Verbesserung des Betriebsklimas?" Häufig sind solche Konflikte auch im Politikbereich zu beobachten: „Kann ich meine Partei, meinen Abgeordneten, meinen Minister im Stich lassen, auch wenn ich mich zurückgesetzt fühle?"

Hoffnungen, eigene Erwartungen, die enttäuscht werden, Loyalitäten, Verantwortungsgefühle und vieles mehr halten uns in beruflichen Situationen, die unbefriedigend sind. Dies gilt unabhängig von Ausbildung, Tätigkeitsfeld oder Status.

Zurück zu Elke. Wie Sie bereits verfolgen konnten, öffnen sich allein durch die Beschäftigung mit dem Gedanken, die Arbeitsstelle aufzugeben, neue Perspektiven, dies in die Tat zu setzen. Dies ist immer wieder zu beobachten. Es scheint, dass das Sprichwort „Wo ein Wille ist, da ist auch ein Weg" hier Anwendung finden kann. Anders formuliert, wenn Sie etwas wirklich wollen, werden Sie neue Informationen zulassen und nach Wegen suchen, Ihren Wunsch umzusetzen.

Neue Perspektiven

In einem Gespräch mit Elkes Vorgesetzten wurde für sie deutlich, dass sich nichts zum Besseren wenden würde. Daraufhin machte Elke einen Termin mit ihrer Anwältin und beauftragte diese, eine bezahlte Freistellung und weitere Modalitäten auszuhandeln. Sie hatte Erfolg, und es lief viel einfacher als gedacht.

Von der ersten Coachingsitzung bis zu ihrem endgültigen Ausstieg hat Elke vier Monate gebraucht.

Hinweis
Viele Firmen senken ihre Kosten und reduzieren ihr Personal. Sollten Sie an eine berufliche Veränderung denken, können Sie sich diese Interessen zunutze machen und mit ihrem Arbeitgeber selbst oder wie Elke über eine Anwältin in Verhandlung treten. Beachten Sie, dass größere Firmen über verschiedene Finanzierungstöpfe verfügen. Aus steuerlichen Gründen ist es häufig klüger, eine längere bezahlte Freistellung zu erreichen als eine hohe Abfindung. Ein fester oder flexibler Betrag für eine Weiterbildung, der nach Bedarf abgerufen wird, kann ebenfalls das Ergebnis sein. Überlegen Sie, welchen Mix Sie brauchen.

Sie wissen, wie Ihre Firma/Ihr Unternehmen denkt. Überlegen Sie, welche Argumentationslinie Ihrerseits dazu passt. Zehn Monate bezahlte Freistellung sind keine Seltenheit. In Verbindung mit Abfindungen, Weiterbildungen, Fortzahlungen der betrieblichen Altersvorsorge bis zum Zeitpunkt Y kann dies **Ihr Projekt berufliche Neuorientierung** auf einen soliden finanziellen Hintergrund stellen. Abhängig von Ihrem Vertrag kann ein solches Agreement durchaus für den Arbeitgeber von Vorteil sein.

Zur Entstehung von Unzufriedenheit

Unzufriedenheit ist einer der häufigsten Gründe für einen Wechsel. Welche Faktoren sind bei der Entstehung von Unzufriedenheit zentral? Wir kommen immer wieder im Beruf an Punkte, wo es angebracht erscheint, die jeweilige Situation näher zu betrachten. Die Antworten sind individuell. Was für den einen eine Herausforderung ist, kommt bei dem anderen einer Überforderung gleich. Dennoch helfen einige Fragen, darüber Klarheit zu gewinnen:

Ist-Analyse

Was mache ich da/habe ich gemacht? Will ich das auch die nächsten Jahre machen? Wenn dies verneint wird oder man unsicher ist, folgt die Frage: Geht es um den Inhalt, d.h., möchte ich in einem anderen Bereich arbeiten, oder geht es um das Wie? Vielleicht habe ich Ärger mit den Vorgesetzten oder Kollegen? Vielleicht fehlt mir etwas (z.B. Anerkennung, Sinn) oder es ist mir auch etwas zu viel (z.B. Druck, Kampf)?

Die Bilanz

Bilanz: gestalten, anpassen, aushalten

Unbehagen im beruflichen Alltag spüren wir immer dann, wenn der individuelle Preis, den wir für unsere Ziele zahlen, als zu hoch erlebt wird.

Zentrale Begriffe für eine notwendige Bilanz sind: **gestalten, anpassen** und **aushalten**. In den meisten Tätigkeitsfeldern sind diese Verhaltenskategorien in unterschiedlichem Ausmaß gefordert. Es gibt ein notwendiges individuelles Gleichgewicht, damit der Einzelne zufrieden ist. Dieses kann zu unterschiedlichen Zeiten (z.B. abhängig von Familiensituationen) verschieden sein.

Grundlegende Fragen zur Betrachtung der eigenen Zufriedenheit bzw. Unzufriedenheit lauten:

- **Steht der Aufwand, den ich für die Bewältigung einer Situation, einer Aufgabe erbringe, im richtigen Verhältnis zum Nutzen, zum Resultat?**
- **Bin ich bereit, den Preis dafür zu zahlen?**

Die folgenden Überlegungen helfen Ihnen bei der Beantwortung.

- In welchem Ausmaß will und kann ich meine Tätigkeit in dem beruflichen Kontext **gestalten?** Was muss ich dafür an Zeit und Energie einsetzen? Welche emotionalen Kosten fallen an?
- In welchem Ausmaß kann und will ich mich **anpassen,** um in einem Unternehmen zu überleben, zurechtzukommen, Karriere zu machen? Wieweit will und kann ich mich verbiegen? Wieweit kann und will ich mitmachen? Wieweit kann und will ich neu lernen? Was sind meine emotionalen Kosten?
- Was und wie viel kann und will ich **aushalten,** um meine Stelle nicht zu verlieren, um eine Konfliktsituation zu überstehen, um meine Ziele durchzusetzen? Was sind meine emotionalen Kosten?

Es gibt kaum jemanden, der nur auf einer Dimension agiert. Jeder muss bzw. darf sich mal anpassen, Situationen aushalten oder gestalten. Um sich wohl zu fühlen, müssen die Kategorien „gestalten, anpassen und aushalten" in einer für den Einzelnen ausgewogenen Relation sein, die sich je nach Anforderung wieder ändern kann. Die zugrunde liegende Balance ermöglicht es dann, kurzzeitig Einschränkungen in einer der drei Dimensionen hinzunehmen. Neigt sich die Waage dauerhaft zu einer Seite, z.B. nur noch aushalten, nur noch powern, so entsteht ein hoher Stressfaktor. Aus der Betrachtung der individuellen Situation ergibt sich, in welchem Verhältnis die drei genannten Kategorien zueinander stehen.

Übertragen auf Elke bedeutete dies: Die Gestaltungsmöglichkeit wurde immer geringer, der Anpassungsdruck immer stärker, und während sie über viele Monate durchhielt, begab sie sich zunächst unmerklich in die innere Emigration, d.h., sie konnte ihre Waage immer weniger ausbalancieren.

Zufrieden oder unzufrieden?
Mithilfe der Kategorien „gestalten, anpassen und aushalten" können Sie Ihre berufliche Situation besser einordnen und feststellen, inwieweit die Gegebenheiten für Sie ausbalanciert sind.

Die angeführten Kategorien stehen in Wechselwirkung. Versuchen Sie jetzt nach Beantwortung der oben stehenden Fragen, Ihre berufliche Lage auf den folgenden Skalen einzuschätzen. Dabei sind diese Kategorien durch die in der Tabelle benannten Anforderungen bzw. Pole gekennzeichnet. Seien Sie ehrlich mit sich.

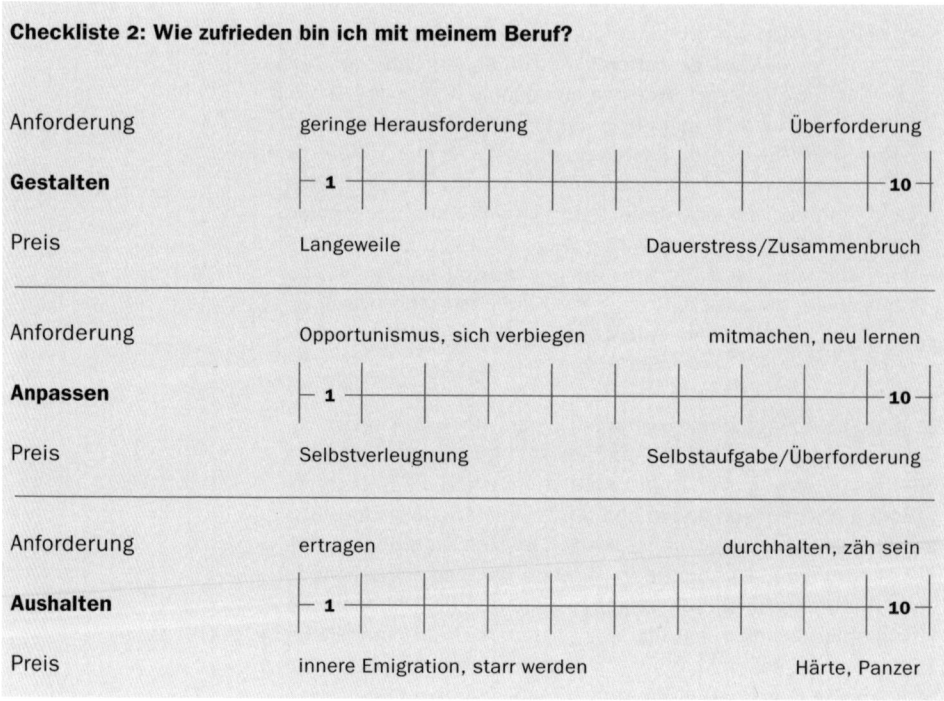

Checkliste 2: Wie zufrieden bin ich mit meinem Beruf?

Anforderung	geringe Herausforderung		Überforderung
Gestalten	1		10
Preis	Langeweile		Dauerstress/Zusammenbruch

Anforderung	Opportunismus, sich verbiegen		mitmachen, neu lernen
Anpassen	1		10
Preis	Selbstverleugnung		Selbstaufgabe/Überforderung

Anforderung	ertragen		durchhalten, zäh sein
Aushalten	1		10
Preis	innere Emigration, starr werden		Härte, Panzer

Bei der Betrachtung der Skalen wird deutlich, dass die Pole Extreme kennzeichnen. Für eine Organisation sind die Extreme unproduktiv, und für den Betreffenden bedeuten sie physischen oder psychischen Dauerstress.

Individuell sollten Sie für sich herausfinden, in welchem Verhältnis Sie die oben beschriebenen Anforderungen brauchen bzw. welche Rolle die Kategorien „gestalten, anpassen, aushalten" in Ihrem beruflichen Leben bisher gespielt haben. Dabei können Ihnen die folgenden Fragen als Anhalt dienen.

Nehmen Sie sich ausreichend Zeit für die Bearbeitung der Checklisten – Sie gewinnen so weitere Grundlagen für Ihre Entscheidungsfindung.

Checkliste 3: Wie viel beruflichen Freiraum brauche ich?
Beantworten Sie die Fragen ausführlich. Veranschaulichen Sie Ihre
Selbsteinschätzungen anhand von Beispielen.

Welche dieser Anforderungen liegt mir besonders?

Wann habe ich mich beruflich gut gefühlt? (Beschreiben Sie diese Situation.
Was war anders als jetzt?)

Wie viel Herausforderung brauche ich?

Bevorzuge ich es, „die Sache in die Hand" zu nehmen?

Unter welchen Umständen bin ich bereit, mich auf Neues einzustellen?

Fällt es mir leicht, andern zu folgen? Wenn „ja", warum?" Wenn „nein", warum nicht?

Kann ich Teamentscheidungen gut mittragen? Wenn „ja", warum?" Wenn „nein",
warum nicht?

Wie lang verfolge ich eine Idee, eine Sache, von der ich überzeugt bin?

Was bedeutet für mich Sicherheit?

Wie viel Sicherheit brauche ich?

Wie „hartnäckig", „zäh" bin ich?

In welcher der drei Kategorien sehen andere meine Stärken? Und warum?

Elkes Startvoraussetzungen

Elke hatte bezahlte Zeit und eine Abfindung ausgehandelt, um sich beruflich neu zu entwickeln. Ihr Partner hatte sie bei der Entscheidung unterstützt, Freunde fanden den Weggang nachvollziehbar. Mit mir hatte sie eine Kollegin, die den Prozess verabredungsgemäß dokumentierte. Sie hatte einen Coach, dem sie vertraute und dem sie abnahm, dass er an ihr Potenzial glaubte. Sie suchte sich eine Honorartätigkeit in einer psychotherapeutischen Praxis. Dies war von großem Vorteil. Neben dem finanziellen Aspekt strukturierte dies ihre Zeit. Sie gab regelmäßig einige Therapie- und Supervisionsstunden. Damit war eine offizielle Verortung gegeben. Sie war zwar nicht mehr die Projektleiterin von X, aber sie war immer noch eine Psychotherapeutin, eine Einordnung, die anderen Menschen den Umgang erleichterte. Zum damaligen Zeitpunkt war offen, ob sie zwei Jahre später immer noch als Psychotherapeutin arbeiten würde. Sie hatte sich auf eine berufliche Ent- deckungsreise begeben. Wie das Ziel aussehen würde, wusste sie nicht.

Neuorientierung bedeutet, sich auf ein Abenteuer einzulassen. Wie bei jeder Expedition gilt es, eine Aufstellung über die Vorräte und das notwendige Gepäck zu machen.

1.2 Ressourcen für einen beruflichen Ausstieg

Vor der Entscheidung für eine berufliche Neuorientierung sollten Sie eine Bestandsaufnahme machen, um zu überprüfen, welche Ressourcen Sie haben und welche Sie benötigen.

Checkliste 4: Welche Ressourcen habe ich?

Wie steht es in Bezug auf:

Geld?

Zeit?

Angehörige?

Freunde?

Gesundheitszustand?

Professionelle Unterstützung?

Beschäftigung?

Qualifikationen?

Persönliche Stärken und Fähigkeiten?

Im Folgenden sind die in der Checkliste angesprochenen Ressourcen näher erklärt:

Geld Zunächst sollten Sie sich klar werden, wie viel Geld Sie benötigen, um Ihr Leben in der Zwischenphase monatlich zu finanzieren. Bedenken Sie: Für die anstehenden Schritte brauchen Sie Zeit und sollten daher zumindest nicht ganztags beschäftigt sein müssen.

Verschaffen Sie sich einen realistischen Überblick, wie viel Geld Ihnen zur Verfügung steht bzw. wie viel Sie bereit sind einzusetzen. Gleichzeit markieren Sie so einen zeitlichen Rahmen für den Übergang:

- Sollten Sie bisher keine Aufstellung über Ihre Kosten und finanziellen Verpflichtungen gemacht haben, so empfehle ich Ihnen, jetzt einen Haushaltsplan aufzustellen. Sie sollten relativ genau wissen, wie viel Geld Sie monatlich benötigen.
- Wenn Sie in einer Partnerschaft leben, klären Sie, ob und unter welchen Bedingungen Ihr Partner bereit ist, hauptverantwortlich für Ihren Lebensunterhalt mit aufzukommen.

- Vielleicht haben/hatten Sie ein gutes Einkommen und haben Rücklagen gebildet. Beziehen Sie in Ihre Überlegungen mit ein, ob Sie Erspartes oder Ererbtes besitzen, das Sie bereit sind einzusetzen. Gibt es Personen, die Ihnen Geld leihen können?
- Kann mit Ihrem (Noch-)Arbeitgeber eine finanzielle Übereinnunft bezüglich Ihres Ausstiegs getroffen werden?
- Überlegen Sie weiterhin, wo Sie im Ernstfall zusätzlich für einen begrenzten Zeitraum Geld erhalten könnten. Können Sie eine Honorartätigkeit übernehmen? Sind Sie bereit, zur Überbrückung einen Teilzeitjob anzunehmen?
- Haben Sie z.B. Ansprüche gegenüber dem Arbeitsamt?
- Vergessen Sie nicht, dass Sie ggf. die Ausgabenseite verändern können. Daher: An welchen Stellen können Sie bei Bedarf Ihre Lebenshaltungskosten einschränken?
- Achten Sie auf einen Notgroschen, der Ihnen mindestens drei Monate über die Runden hilft.

Zeit

Zu Beginn des Prozesses können Sie noch nicht wirklich planen, wie viel Zeit Sie genau brauchen werden. Wenn sich herausstellt, dass die berufliche Veränderung grundsätzlicher Art ist und Sie noch keine Idee haben, wie Ihre berufliche Zukunft aussehen soll, werden Sie vermutlich mehr Zeit benötigen. Vielleicht gehören Sie zu denjenigen, die bereits wissen, wo Ihr Interesse liegt, aber Sie trauen sich nur noch nicht, dann werden Sie vermutlich schneller den Weg finden. Angesichts der Unterschiedlichkeit der Menschen und ihrer Voraussetzungen ist die Dauer des Prozesses also sehr variabel. Es gibt Menschen, die brauchen einige Monate, andere benötigen bis zu drei Jahre für eine grundlegende Neuorientierung. Zeitliche Grenzen werden u.a. durch die objektive Beschränktheit der finanziellen Mittel gesetzt. Die sind von Person zu Person je nach finanziellem Background verschieden. Dies sollte jedoch kein Hinderungsgrund sein. Wenn Sie etwas wirklich wollen, finden sich erfahrungsgemäß immer Mittel und Wege. Der hier beschriebene Prozess erfordert, dass Sie sich Zeit nehmen und zugestehen. Nach ca. sechs Monaten, dies gilt auch, wenn Sie materiell gut abgesichert sind, sollten Sie eine erste Zwischenbilanz ziehen und feststellen, an welchem Punkt Sie stehen. Es empfiehlt sich, eine solche Überprüfung in regelmäßigen Abständen einzubauen.

Familie/Partner

Besprechen Sie mit Ihren Angehörigen diesen Schritt. Sie werden Menschen brauchen, die Sie unterstützen. Überprüfen Sie, ob Ihre Nächsten willens sind, diesen Weg mitzutragen, oder sich eher heraushalten bzw. Ihrem Vorhaben skeptisch gegenüberstehen.

- Wenn Sie sich in einer festen Partnerschaft befinden, zusammenleben und insbesondere wenn Sie eine Wirtschaftsgemeinschaft bilden, dann versuchen Sie, feste Absprachen über den potenziellen zeitlichen und ggf. finanziellen Umfang des Prozesses zu treffen.
- Klären Sie ebenfalls, welche Erwartungen und Ängste Ihr(e) Partner(in) hat, welche Hilfestellungen Sie erwarten dürfen und in welcher Form Sie im Gegenzug Ihren Partner unterstützen können.
- Gerade dann, wenn Kinder da sind, die von Ihnen abhängig sind, erweist sich die Abklärung von Rahmenbedingungen mit Ihrem Bezugssystem als sinnvoll.

Der Aufwand für solche Gespräche lohnt sich, da Ihre Kraft für den persönlichen Veränderungsprozess gebraucht wird und Sie Ihre Energie nicht verschwenden sollten zur Führung unnötiger Partnerschaftskonflikte, die allein aufgrund unklarer Vereinbarungen entstanden sind. Bedenken Sie, es werden vermutlich Durststrecken kommen, an denen nicht klar ist, wie es weitergeht. Besonders in solchen Situationen ist es wichtig, dass Ihnen der Rücken gestärkt wird.

Freunde Gehen Sie Ihren Freundeskreis durch und überlegen Sie, wen Sie mit einbeziehen können, sei es zur emotionalen Stärkung, sei es zur intellektuellen Begleitung. Bitten Sie diese Personen um Mithilfe, um die Bereitschaft, sie bei Bedarf ansprechen zu können.

Gesundheit Für Gesundheit gibt es keine Garantie. Dennoch sollen Sie einen gesundheitlichen Check, soweit möglich, durchführen lassen. Es beruhigt.

Professionelle Hilfe Es ist jedem einsichtig, dass man auf einer Expedition durch ein wirklich fremdes Land einen landeskundigen Führer braucht. Dieser Vergleich ist angesichts der Herausforderung, der man sich stellt, angemessen. Den Ausstieg und die Suche nach Neuem erleben die meisten nach und nach wie eine Reise in ein solch fremdes Land. Obwohl auch Elke vom Fach war und ihr auf den ersten Blick vieles bekannt erschien, wurde es offensichtlich, wie wichtig es für sie war, eine professionelle Begleitung in Anspruch zu nehmen, der sie vertraute. Hier konnte sie bei Bedarf fragen: War sie noch auf dem richtigen Weg? Waren ihre Zweifel normal? Was könnte der nächste Schritt sein? Neue Erfahrungen werden gemacht, scheinbare Selbstverständlichkeiten in Frage gestellt. Es tut dann gut, Orientierung zu erhalten.

Das vorliegende Buch kann Ihnen eine solche persönliche Begleitung nicht ersetzen, dennoch kann es für viele bereits ausreichende Informationen und Hilfestellungen enthalten. Bei Bedarf können Sie immer noch auf weiter gehende Beratung zurückgreifen.

Sie steigen aus dem normalen Berufsleben aus und sind auf sich zurückgeworfen. Für das eigene Ego wie auch für die Orientierung von anderen erweist es sich als vorteilhaft, entweder stundenweise in der alten Betätigung oder an anderer Stelle z.B. auf Honorarbasis zu arbeiten. Wenn dies für Sie nicht interessant ist, dann könnten Sie überlegen, ob Sie sich mit Ihren Fähigkeiten im Rahmen einer Initiative, eines Projektes oder einer Partei einmal wöchentlich einbringen. Menschen, die sich engagieren, sind in ehrenamtlichen Kontexten gerne gesehen. So schaffen Sie sich einen neuen Fixpunkt, etwas, was Sie regelmäßig tun. Für andere sind Sie „Mitglied in …". Ein zusätzlicher Vorteil eines solchen Engagements besteht darin, dass Sie vermutlich interessante Menschen kennen lernen werden. Neben neuen Eindrücken können Sie so das fehlende berufliche Umfeld in Teilen ausgleichen. *Beschäftigung*

Diesen Punkt habe ich von den so genannten „Hard Facts" zuletzt aufgeführt. Die meisten, die sich diesem Prozess freiwillig aussetzen, sind vermutlich relativ gut ausgebildet, so dass die anderen Themen zunächst im Vordergrund stehen. Dennoch ist es durchaus sinnvoll, eine Aufstellung sowohl der bescheinigten wie der inoffiziellen Fähigkeiten, Fertigkeiten und Kenntnisse zu machen. Gerade Frauen neigen dazu, ihre Fähigkeiten zu unterschätzen bzw. als unzureichend selbst abzuwerten. Um sicherzugehen, dass Sie in diesem ersten Check nichts vergessen, bitten Sie eine Person Ihres Vertrauens um deren Einschätzung. *Qualifikationen*

Die vorausgegangene Aufzählung bezog sich vorwiegend mehr oder weniger auf Fakten. Weiterhin sollten Sie überlegen: Welche speziellen Erfahrungen bringen Sie für einen solchen Prozess mit? Insbesondere welche Qualitäten haben Ihnen in Ihrem bisherigen Leben geholfen, schwierige und neue Situationen zu bewältigen? Welche Eigenschaft zeichnet Sie diesbezüglich aus? *Psychische Stärken*

Lassen Sie Ihre Vergangenheit Revue passieren. Sie werden entdecken, welche Haltungen und Eigenschaften für Sie zentral zur Bewältigung von unbekannten Situationen sind. Das können Optimismus, Kreativität, Zutrauen, Neugier, Mut, Selbstvertrauen, Zähigkeit, Zielstrebigkeit, Hartnäckigkeit, Kommunikationsgeschick u.v.m. sein. Erneut gilt: Sie werden auf unterschiedliche Potenziale zurückgreifen können, nichts dabei ist zunächst als besser oder schlechter einzustufen. Wichtig ist, dass Sie sich Ihre psychischen Ressourcen vergegenwärtigen. Diese gehören genauso wie die harten Fakten zu Ihrer Ausrüstung.

1.3 Ausblick: Jede Expedition besteht aus Teilzielen

Wenn die Unzufriedenheit groß genug ist und die Ressourcenabschätzung einen Ausstieg als machbar ausweist, beginnt mit der Entscheidung, aus dem bisherigen Berufsfeld auszusteigen, der Prozess der aktiven Neuorientierung.

Im Unterschied zur Situation „Ich suche mir einen anderen Job" weiß man zu dieser Zeit noch nicht, wie die nächste Tätigkeit aussehen, wie lange es bis dahin dauern wird und was am Ende der Strecke sein wird. Deswegen sind Teilziele sehr wichtig. Dazu gehört das Zelebrieren des Ausstiegs genauso wie die Analyse des bisherigen Berufsweges und der damit verbundenen Werte. Ebenso hilfreich ist es herauszufinden, wie Sie Ihren Energiehaushalt erhalten bzw. stärken können. Um Neues aufzunehmen, ist es wichtig, **neu sehen** zu lernen. Die Inhalte und die Art und Weise der Herangehensweise wird sich für jeden von Ihnen unterschiedlich gestalten.

Auch der Umgang mit der Zeit will neu gelernt werden. Die Überprüfung von Überzeugungen über sich und die Welt wird Sie ebenfalls begleiten. Veränderungsprozesse wirken immer verunsichernd, aber Sie werden erfahren: Man kann lernen, damit konstruktiv umzugehen. In der Öffnungsphase werden die entscheidenden Voraussetzungen für alles Weitere entdeckt und geschaffen. Sie nimmt daher einen breiten Raum ein. Die scheinbare Aneinanderreihung der Themen beruht darauf, dass es **die richtige** Reihenfolge, **das** Programm für eine berufliche Neuorientierung nicht gibt.

Da es sich um einen persönlichen Entwicklungsprozess handelt, ist der Verlauf individuell. Es hängt von Ihren Bedingungen ab, was wann auftaucht und für Sie wichtig sein wird, zu überprüfen, auszuprobieren, zu bearbeiten und ggf. loszulassen.

Selbstverständlich gibt es Gemeinsamkeiten, denn es geht um den Prozess einer Selbstveränderung. Das vorliegende Phasenmodell zeigt den Verlauf einer Selbstveränderung sowohl auf der **Handlungsebene** (was steht an?) als auch auf der **Selbstkonzeptebene** (was kann ich mir für mich vorstellen, was passt zu mir, wer bin ich?).

Zur Veranschaulichung wird uns daher die Geschichte von Elke – ihr Vorgehen, ihre Irrtümer, ihre Schleifen, aber auch ihre Fortschritte – weiter begleiten. Darauf aufbauend erhalten Sie Empfehlungen, Reflexionen und bewährtes Handwerkszeug zum Umgang mit diesem Prozess.

Abb. 2: Berufliche Neuorientierung als Prozess

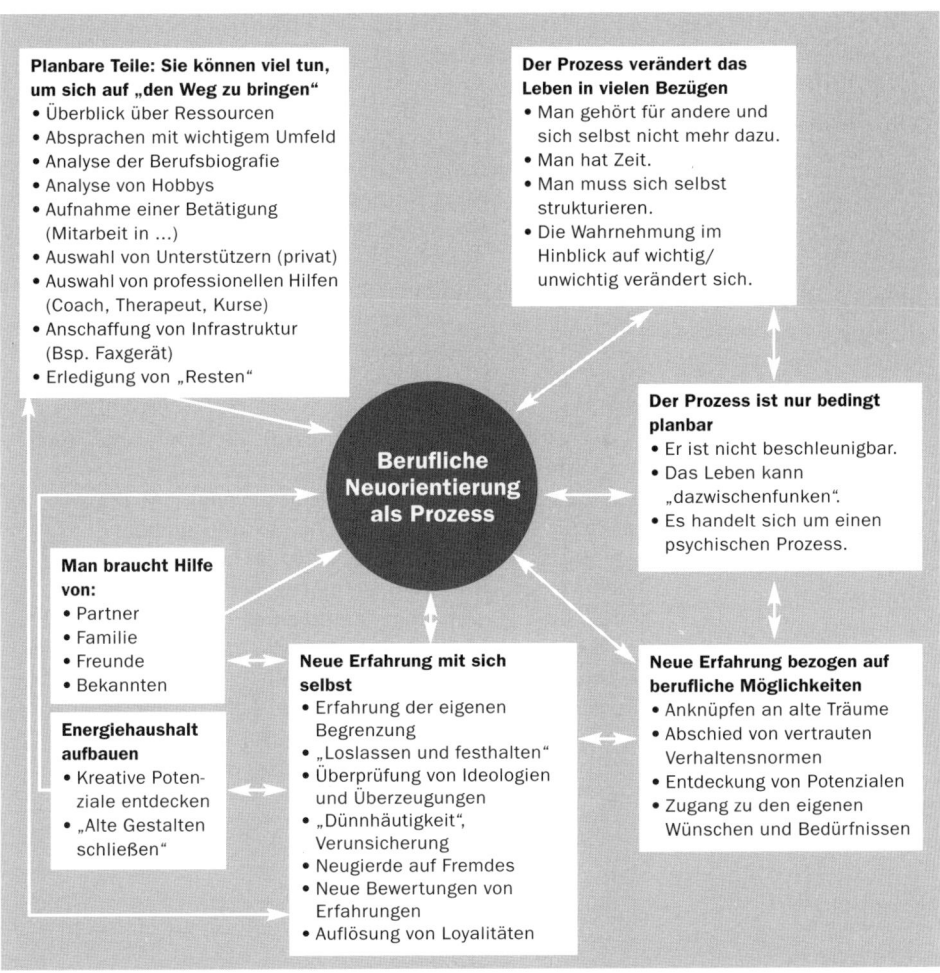

2. Öffnungsphase

Zäsur

15. Februar. Es war so weit – Elkes letzter Arbeitstag. Er verlief gar nicht so, wie sie gehofft hatte. Laut Arbeitgeber hätte sie von einem Tag auf den anderen zu Hause bleiben können. Stattdessen war sie extra zwei Wochen länger zur Arbeit erschienen, um Aufgaben zu beenden und an die Kollegen zu übergeben. Niemand dankte es ihr. Ihre Kollegen waren offensichtlich sauer bzw. selber enttäuscht, allein gelassen zu werden, und ließen sie das durch Distanz spüren. Den Abgang hatte sie sich nun wirklich anders vorgestellt und war entsprechend genervt. Sie war sehr froh, dass sie sich im direkten Anschluss verabredet hatte.

Der letzte Arbeitstag in einer Firma, einem Büro, einem Projekt usw. hat für viele Menschen eine besondere Bedeutung. In die Tätigkeit ist viel von der eigenen Person in Form von Engagement, Wissen und Emotionen eingeflossen. Dieser Berufsabschnitt ist nun zu Ende. Entscheidend für die eigene Verarbeitung ist die Art der Beendigung. Dazu gehört auch der besagte letzte Arbeitstag. Wie werden die anderen damit umgehen? Kann ich im Guten gehen oder bleibt ein schlechter Geschmack zurück, der mich weiter beschäftigen wird?

Den letzten Arbeitstag bewusst gestalten

Ist der Weggang einvernehmlich (z.B. Pensionierung, Beförderung), dann wird der Ausstand in der Regel freundlich begangen. Anders ist es häufig, wenn das Ausscheiden das Ergebnis von Konflikten ist. Kollegen wie Führungskräfte sind häufig überfordert, mit solchen Situationen adäquat umzugehen. Die betreffenden Mitarbeiter erfahren dieses Verhalten als mangelnde Wertschätzung. Das kann gerade am letzten Arbeitstag treffen. Es ist daher zu empfehlen, selbst die Rahmenbedingungen zu bestimmen. Planen Sie auf jeden Fall, was Sie an diesem Abend machen werden. Vielleicht lassen Sie sich von Ihrer Familie oder Freunden von der alten Arbeitsstelle abholen. Die aktive Gestaltung dieses Tages können Sie dazu nutzen, den beruflichen Einschnitt bewusst zu markieren.

Am Abend ging Elke aus und stieß auf ihr neues Leben an. Sie hat in der folgenden Zeit noch öfters mit Freunden auf den Ausstieg angestoßen und ein Fest gefeiert. Eine Zeit ging zu Ende, und etwas Neues sollte beginnen. Für sie war es wichtig, dieser Tatsache sowohl Dritten wie auch für sich selbst aktiv eine Form zu geben.

Zu dieser Zeit ging sie noch davon aus, dass sie relativ schnell wissen würde, was sie beruflich wollte. Sie musste sich nur neu umsehen.

Aus dem Beruf auszusteigen ist eine Entscheidung von einiger Tragweite: Es beginnt ein neuer Lebensabschnitt. Diesem Abschied und gleichzeitigen Neuanfang eine Form, einen Ausdruck zu geben ist aus psychologischer Sicht sinnvoll. Eine Möglichkeit besteht darin, ein Ritual zu wählen. Riten, die wir in unserer Gesellschaft viel zu wenig haben, dienen dazu, wichtige Ereignisse für uns selbst und gegenüber anderen kenntlich zu machen und sie so zu verarbeiten.

Die Bedeutung von Riten

Überprüfen Sie: Könnte es Ihnen gefallen, Ihren Ausstieg mit einem Fest – groß oder klein – zu begehen? Vielleicht kaufen Sie sich zu besonders wichtigen Ereignissen in der Regel ein schönes Kleidungsstück, oder Sie gehen ins Konzert. Dann tun Sie all das in diesem Fall auch. Vielleicht ziehen Sie Ruhe und Besinnlichkeit vor. Vielleicht gehören Sie zu den Menschen, die Stimmung kreativ ausdrücken durch Malen, Klavierspielen oder … Überlegen Sie, in welcher Form Sie den Beginn eines solchen Prozesses zelebrieren wollen. Erfinden Sie den für Sie passenden Ritus.

Ein neuer Lebensabschnitt beginnt. Dieser Neubeginn verlangt quasi nach einem Ausdruck, so dass Sie sich auch nach Monaten noch erinnern können: Was habe ich an dem Tag gemacht, mit wem habe ich gefeiert und was hat mir gut getan?

2.1 Kritische Lebensereignisse als Wachstumspotenziale

Neuorientierung bedeutet immer, Vertrautes zu verlassen, ohne zu wissen, was am Ende steht. Eine grundlegende berufliche Neu- bzw. Umorientierung definiere ich als so genanntes Kritisches Lebensereignis.

Es gibt keinen Grund, bei dem Wort zu erschrecken. Kritische Lebensereignisse wie Heirat, Trennung, Kinder bekommen, Pension, Tod eines Angehörigen oder der Umzug in eine fremde Stadt, ein fremdes Land, kennen Sie vermutlich. Wie Sie selbst sicherlich bereits erlebt haben, bieten solche Umbruchsituationen die Chance, persönlich zu wachsen. Sie geben uns die Möglichkeit, uns auszuprobieren. Wir erfahren uns darüber und spüren unsere Kräfte. So wird unser Handlungsrepertoire erweitert, und wir werden angeregt, Gewichtungen neu vorzunehmen.

Nicht verschweigen möchte ich, dass eine berufliche Neuorientierung – wie auch die anderen aufgezählten Lebensereignisse – streckenweise als krisenhaft erlebt werden kann. Das ist in diesem Zusammenhang durchaus normal. Scheinbare Selbstverständlichkeiten und Glaubenssätze werden in Frage gestellt. Je nach Persönlichkeit und zusätzlichen Stressfaktoren wirken solche Erfahrungen beunruhigend bis hin zu erschütternd.

Krise *(krinein)* stammt aus dem Griechischen und bedeutet: scheiden, auswählen. Das Chinesische kennt zwei Schriftzeichen für Krise mit den Bedeutungen a) Gefahr und b) Chance.

Schon solche sprachlichen Ableitungen weisen darauf hin, dass Krisen nicht per se etwas Schlechtes sind. Vielmehr sind sie oft die Voraussetzung, um von Altem abzulassen, Neues zuzulassen, es aufzunehmen und sich das Gelernte zu Eigen zu machen.

Hierbei handelt es sich um einen schöpferischen Akt, der zur Identitätsbildung notwendig ist. Ich verändere mich, werde in Teilen ein anderer und trete der Umwelt mit meinen neuen Erfahrungen und Möglichkeiten gegenüber.

Bei einer beruflichen Neuorientierung durchleben Sie einen Prozess, in dem Sie viel über sich lernen können und der das Leben in seinen Grundzügen verändern kann. Während dieses Prozesses ist es hilfreich, Unterstützung zu haben und sie anzunehmen – und: Er ist aufregend.

Haltung eines „Narren" Für alle diejenigen unter Ihnen, die sich gerne an Bildern orientieren, möchte ich hier die Figur **des Narren** aus den Tarot-Karten einführen. Die für eine berufliche Neuorientierung notwendige Haltung entspricht der **des Narren.** Er steht dafür, dass wir einen neuen Lebensbereich staunend und ohne feste Erwartungen und oft ohne Vorkenntnisse betreten.

Im beruflichen Erleben bedeutet diese Karte, dass wir einen neuen Erfahrungsbereich betreten und uns für eine Veränderung öffnen, die uns ins Unbekannte führt.

Die damit verbundenen Lebensumstände können destruktiv oder kreativ sein oder auch beides zusammen. Der Narr weist immer auf erfrischende Erfahrungen hin, die zwar chaotische Züge tragen können, aber selbst dann, wenn wir auf die Nase fallen, keine wirkliche Gefahr bedeuten.

Seine tiefere Bedeutung liegt in der Einsicht, dass die Vorstellung von Sicherheit und Erfolg nur auf irreführenden Versprechungen beruht, die uns nie den Schlüssel zu unserer wahren Erfüllung und Zufriedenheit geben können. Wir neigen dazu, Illusionen und Fiktionen, die uns diesbezüglich vorgegaukelt werden, nur zu gerne zu glauben. Sie haben jedoch nicht wirklich Bestand.

Manchmal neigen wir dennoch dazu, uns an vermeintliche Sicherheiten zu klammern. Wenn Sie diese Tendenz bei sich feststellen, dann rufen Sie sich das Bild des Narren ins Gedächtnis. Symbole und bildhafte Vorstellungen können Sie sich als Hilfestellungen nutzbar machen, um beispielsweise neue Haltungen auszuprobieren. Versuchen Sie es einfach mal. Wie würde meine Situation aussehen, wenn ich sie (ausnahmsweise) mit den Augen des Narren betrachten würde?

2.2 Erweiterung des Sehfeldes

Wenn man lange in einem Bereich tätig ist, so ist notwendigerweise die eigene Wahrnehmung stark auf dieses Feld und seine Strukturen fokussiert. Unabhängig, wie breit Ihr Interesse gestreut sein mag, so trifft auch auf Sie zu: Ihre Wahrnehmung arbeitet selektiv. Das heißt: Wahrgenommen und behalten wird, was für uns von Bedeutung ist. Die Einordnung des Wahrgenommenen und die daraus folgenden Urteilsbildungen bzw. Verwertungsmöglichkeiten erfolgen wiederum weit gehend kontextabhängig. So wird beispielsweise ein Künstler eine Baulücke anders sehen als ein Stadtplaner oder ein Investor und so fort.

Selektive Wahrnehmung

Steigt man aus seinem Betätigungsfeld aus und sucht nach neuen Herausforderungen, so gilt es also, Neues im eigenen Blickfeld zuzulassen.

„Bildausschnitt vergrößern"

Dazu muss man, wiederum bildlich gesprochen, **zurücktreten, evtl. auch den Kopf wenden.** Das mag banal klingen, es ist jedoch ganz zentral für den Prozess, denn: Mit der Öffnung, mit der Erweiterung des Sehfeldes fängt alles an. Wie sollen wir unseren Platz finden, wenn wir gar nicht wissen, welche Plätze es überhaupt außer den uns bekannten gibt, wenn wir keine Erfahrung haben, wie es sich dort lebt? Erst wenn wir Neues sehen und Fremdes erkennen, können wir herausfinden, was uns entspricht und was nicht.

Verbreiterung des Sehfeldes:
Verschiedenes wird das Interesse wecken (eyecatch), bis eine erneute Fokussierung möglich ist.

Das traf auf unsere Protagonistin ebenfalls zu. Ihre Erfahrungen machte Elke an und in der Realität. Nur so konnte sie lernen einzuschätzen, was machbar war, worauf sie achten sollte und was sie zukünftig wollte.

Elkes erste Monate: Irrungen und Wirrungen
Sie musste nun nicht mehr pünktlich aufstehen – sie hatte bis auf einige Therapiestunden **Zeit.** *Das war ihr schon ein wenig unheimlich. Sie war das nicht gewohnt. Daher überlegte sie, was sie tun könnte. Politisch interessiert richtete sie ihr Augenmerk auf diesen Bereich. Warum sich nicht die Zeit nehmen, ihre Fachkenntnisse aus Psychologie, Soziologie und Stadtplanung in eine politische Diskussion einzubringen. Das hatte sie schließlich auch schon früher im Rahmen von Arbeitsgruppen getan, schreiben lag ihr – und jetzt hatte sie auch noch die zeitliche Möglichkeit. Vielleicht könnte sie ja auch im weitesten Sinn in die Politik einsteigen. Anlässlich einer Diskussion zum Städtebau in den neuen Bundesländern und den sozialen Folgen der Vereinigung schrieb sie einen aus ihrer Sicht sehr differenzierten Brief an den Bundestagspräsidenten und andere Abgeordnete mit diversen guten Vorschlägen. Zu ihrer Enttäuschung erhielt sie freundliche Antworten von den angeschriebenen Politikern – aber: Das war es dann auch. Heute kann sie darüber schmunzeln, damals war sie frustriert.*

Anschlussfähigkeit Elke hatte die erste Lektion zum Thema „Anschlussfähigkeit" erhalten. Sie hatte die Regeln des Bezugssystems nicht beachtet. Wichtig: Jede Gruppe hat ihre eigenen Spielregeln. Auf den politischen Bereich beispielsweise angewendet bedeutet das: Äußerungen werden wahrgenommen, wenn sie von anderen (relevanten) Interessenvertretern kommen oder aus einer Partei selbst heraus vertreten werden. Elke hatte ihre Rolle verkannt. Sie war nicht länger Sprecherin oder Teil einer relevanten Gruppe. Für andere, in dem Fall Politiker, war sie nur noch eine Bürgerin, die man nicht wichtig nehmen musste. Elkes Erfahrung ist wiederum typisch. Die veränderte Stellung führt zunächst in vielen Fällen zu einem Bedeutungsverlust. Aus der Sicht anderer hat man beispielsweise keine Ressourcen mehr zu verteilen, ist kein Konkurrent mehr usw. und ist damit nicht mehr wichtig. Auch dies ist völlig normal. Keine Sorge: Sie können davon ausgehen, dass dies in der Regel ein vorübergehender Zustand ist, der mit der faktischen Veränderung einhergeht. *vorübergehender Bedeutungsverlust*

Elke tat gut daran, ihre Energie in eine andere Richtung zu lenken. Sie legte sich, ganz pragmatisch, eine passende Büroausstattung zu.

Anschlussfähigkeit ist ein zentrales Stichwort, dessen Beachtung für Ihren Erfolg zentral ist.

Zur Anschlussfähigkeit gehört u.a. das Vorhalten einer notwendigen Infrastruktur im Büro. Für viele von Ihnen ist diese Tatsache sicher eine Selbstverständlichkeit. Erfahrungsgemäß ist das für Menschen, die aus Sozial- oder Gesundheitsberufen stammen, und zwar unabhängig von der Position für ihren bisherigen Kontext, nicht so notwendig. Um in der neuen Situation bestehen zu können, ist es unabdingbar, dass Sie eine eigene Büroausstattung besitzen. Sie müssen mit anderen in Kontakt treten können und erreichbar sein. Dazu gehören beispielsweise: ansprechende Visitenkarten und ein gut gemachter Briefkopf, Computer, eine E-Mail-Adresse, Faxgerät und Scanner. Alles, was man in einem vernünftig ausgestatteten Büro vorfindet, brauchen Sie nun für sich. Sie sind nun eine Ein-Personen-Firma und agieren in eigener Sache – und das sollten Sie professionell tun. Nehmen Sie sich Zeit, um für Sie Passendes auszuwählen bzw. zu entwickeln, denn es geht darum: Wie wollen Sie gesehen werden? Wie treten Sie in die Welt? *Infrastruktur anschaffen*

2.3 Umgang mit der Zeit und Zeitstrukturierung

Der Faktor Zeit wird über alle Phasen hinweg immer wieder Thema sein. Die Zeit trägt diesen Prozess (wie viel Zeit habe ich?), ist gleichzeitig Bestandteil (es braucht seine Zeit), und sie will strukturiert sein (wie teile ich die Zeit ein?).

Die meisten müssen den Umgang mit der Zeit neu lernen. Dabei geht es nicht nur um die Strukturierung der Zeit. Bedenken Sie, es ist vermutlich seit vielen Jahren das erste Mal, dass Sie **Zeit haben.**

Den eigenen Weg "(er-)finden" Vielleicht beginnen Sie, sich zu überlegen, was Sie schon immer lernen, besichtigen etc. wollten. Oder Sie lassen sich ziellos treiben. Es gibt viele Wege, um die große oder kleine Welt auf sich wirken zu lassen und Unbekanntes zu entdecken.

Manche Menschen fahren zu Beginn des Prozesses in Urlaub, andere reisen um die Welt. Nichts ist besser oder schlechter. Erneut gilt: Es gibt nicht **das** Rezept, sondern es gibt Ihren eigenen Weg, den Sie entdecken und „(er-)finden" werden.

Entspannung und Anspannung **Als Leitlinie ist wichtig: Sie brauchen einen freien Geist, und dazu gehört Entspannung genauso wie Anspannung.**

So einfach es klingt, das ist nicht selbstverständlich. Viele Menschen haben im Laufe ihres Berufslebens verlernt, sich zu entspannen. Viele haben doch immer funktioniert. Einige von Ihnen werden über längere Zeit viel Druck ausgesetzt gewesen sein. Sie sind daraufhin abgespannt. Vergegenwärtigen Sie sich, auch das Herz kann z.B. nur nach dem Prinzip Anspannung versus Entspannung arbeiten, indem der Muskel sich zusammenzieht und dann wieder öffnet. Nur so kann das Blut fließen. Vielleicht erinnern Sie sich: In Kursen zum Thema Zeitmanagement wird in der Regel vermittelt, dass Pausen genauso einzuplanen sind wie Zeit für feste Aufgaben. Gleiches gilt auch jetzt. Gerade aus diesem Grunde bietet es sich für einige an, mit einer Erholungspause zu beginnen.

Für den Umstrukturierungsprozess brauchen Sie auf jeden Fall Zeit. Zeit, die nicht zielgerichtet verplant ist. Wie sonst sollten Sie Neues, anderes wahrnehmen?

Irritation durch verfügbare Zeit Wie oft hat mancher sich das schon gewünscht: Plötzlich haben wir Zeit zur Verfügung. Diese Freiheit kann, wie schon erwähnt, zuerst sehr irritierend für den Einzelnen sein, denn er wird auf sich zurückgeworfen.

Elke vermied dies zunächst. Sie hatte einen „vollen Stundenplan". So hatte sie zunächst keine Zeit diese Irritation zu spüren.

Erste Gehversuche

Elke glaubte damals, sie müsse nur noch das Richtige dazulernen, dann würde es sich schon finden. Nur was war das Richtige? Sollte sie noch einmal studieren? Noch eine Weiterbildung machen? Sie wusste es nicht. Doch konnte sie die Zeit nicht einfach verstreichen lassen. Nichts zu tun erschien ihr unmöglich, dazu war sie viel zu unruhig. Sie brauchte einen Wochenplan. Auf der Suche nach den Inhalten für diesen Plan stieß sie auf die so genannten „Career Centers", die mittlerweile den meisten Universitäten und Fachhochschulen angeschlossen sind.

Die Angebote richten sich an Menschen, die gerade ihr Studium abschließen, bzw. solche, die bereits fertig sind. Weiterhin sind viele Universitäten seit einigen Jahren dazu übergegangen, freie Plätze in Weiterbildungen, die sich an die eigenen Mitarbeiter richten, gegen Entgelt zu öffnen. Beides sind Möglichkeiten, gute bis hochwertige Weiterbildungen kostengünstig zu belegen. Ein weiterer Vorteil ist die Überschaubarkeit der Kurse. Die Zeitdauer reicht von wenigen Tagen bis zu einem Semester, so dass man sich nicht langfristig festlegen muss. Um Einblick zu bekommen, darum geht es vor allem zu diesem Zeitpunkt, ist dies durchaus ausreichend.

Die Inhalte waren Elke fürs Erste gar nicht so wichtig. Da würde sie sich schon nach dem Angebot richten. Sie entschied sich für die Humboldt-Universität, die sie im Gegensatz zu den beiden anderen Universitäten Berlins nicht kannte. Sie hatte sich zusätzlich einen Anlass geschaffen, die alte Stadtmitte Berlins zu erkunden. An diesem Auswahlprozess wurde deutlich, dass sie eine Ahnung hatte, dass sie sich auf Unbekanntes einlassen müsste. Noch wusste sie jedoch nicht wie.

In dieser Zeit belegte sie mehrere Kurse: Betriebswirtschaft, Personalentwicklung, Rhetorik, Bewerbungstraining, Computer, Projektmanagement. Kurz und gut, sie hatte einen vollen Stundenplan, befasste sich mit teilweise neuen Inhalten und erhielt viele Leistungsnachweise.

Rückgriff auf bekannte Muster

Elke startete ihren Neubeginn mit eingeübten Verhaltensmustern. In ihrem Fall hieß das **Lernen.** Psychologisch gesehen versuchte sie die Aufgabe durch **„Mehr des Gleichen"** zu lösen. Auf den ersten Blick hatte sie Erfolg: Sie hatte einiges neu gelernt, anderes aufgefrischt. Sie erkannte aber trotzdem, dass das, was sie dort gelernt hatte, sie nicht wirklich weiterbrachte.

Um einem Missverständnis vorzubeugen: Die anstehende Aufgabe können Sie nur bedingt durch mehr Wissen lösen. Die Art des Herangehens ist wiederum abhängig von Ihren individuellen Bedingungen. So kann es durchaus für einige sinnvoll sein, zunächst nach Lust und Laune, quasi auf Vorrat, zu lernen. Insbesondere trifft dies zu, wenn es darum geht, das Lernen wieder zu lernen. Dennoch empfehle ich Ihnen, ehrlich zu überprüfen, ob Sie nicht, wie Elke, ein vertrautes Muster wiederholen.

Erkennen eigener Muster Denn Lernen ist nur ein Beispiel für das Phänomen **Mehr des Gleichen.** Überlegen Sie: Wie reagieren Sie normalerweise auf neue Situationen? Können Sie ein spezifisches Muster erkennen? Selbst wenn Sie ein Muster bei sich erkennen, bedeutet das nicht zwangsläufig, dass Sie bereits willens und in der Lage sind, dieses abzulegen. Erst das Ausprobieren, die Erfahrung von Versuch und Irrtum, kann überzeugen.

Angesichts neuer Herausforderungen greifen Individuen zunächst auf vorhandene Muster, Reaktionsweisen usw. zurück, um diese zu bewältigen. Erst wenn sich herausstellt, dass das alte Verhalten nicht greift, werden neue Bewältigungsstrategien erprobt.

Elke blieb ihrem Muster weiterhin treu. Seit ihrer Schulzeit hatte sie kontinuierlich weitergelernt. Sie hatte die Idee, dass es darum ging, das Richtige zu lernen. Folgerichtig bat sie ihren Coach, ihr zu sagen, was sie nun noch lernen könnte bzw. sollte. Aufgrund ihrer beschränkten Zeitvorstellung sollte die Fortbildung nicht länger als ein Jahr dauern. Diesmal sollte es jedoch eine richtig anspruchsvolle Ausbildung sein.

Sie setzte sich damit unter einen Zeitdruck, der eigentlich unnötig war, denn alle Weiterbildungen, die sie interessierten, waren berufsbegleitend.

Elke war damals nicht wirklich bewusst, dass sie sich auf einen Prozess eingelassen hatte. Nicht nur, dass er dauerte, mehr noch, sie hatte noch nicht begriffen, dass sie den Verlauf nicht primär kognitiv und rational bestimmen konnte. Sie musste nach und nach einsehen: Sie konnte zwar eine Menge tun, sie konnte ihn jedoch nicht beliebig beschleunigen. Bevor sie ihr Ziel erreichte, waren noch einige Aufgaben, einige typische Blockaden zu bewältigen. Ihr Rhythmus bestimmte das Tempo.

Noch mehr Lernen – Mehr des Gleichen

Entsprechend ihrer Bitte legte der Coach ihr mehrere Programme vor. Sie entschied sich für eine Weiterbildung, die sich vorwiegend an Organisationsberater und -entwickler sowie Personalberater richtete. Der Anspruch des Ansatzes, Kommunikation in Organisationen zu verbessern und die Ressourcen des Einzelnen kreativ zugunsten des Gesamten zu nutzen, sprach Elke an. Gleiches galt für das Konzept der Weiterbildung. Sie entnahm dem Programm, dass es auf den gleichen Werten basierte wie ihre anderen Ausbildungen und damit humanistischen Prinzipien verpflichtet war.

Elkes Vermutungen bestätigten sich weiter. Die Inhalte knüpften an ihre vorhandenen Kenntnisse an. Vieles, was sie aus therapeutischen Zusammenhängen kannte, fand in angepasster Form für Organisationen Anwendung.

Elke lernte in dieser Weiterbildung viel, doch anders als sie gedacht hatte. Sie machte die Erfahrung, dass der Verhaltenscode von Menschen unterschiedlich ist, selbst wenn sie in ähnlichen Feldern tätig sind und aus gleichen oder nahen Grundberufen stammen.

Die Wichtigkeit von Anschlussfähigkeit wird erneut deutlich. Auch bei gleichen Grundberufen beachten Sie: Was darf man fragen? Wie wird miteinander umgegangen? Wie drückt sich Status aus? Wie funktionieren die jeweiligen Netzwerke? Vieles, was in Ihrer alten Tätigkeit ganz üblich war, kann plötzlich nicht mehr gelten.

Verhaltenscode beachten

Elke hatte ihre Welt mitgenommen und verhielt sich nach ihren Selbstverständlichkeiten. Beispielsweise stellte sie die aus ihrer Sicht ganz harmlose Frage an einen Berufskollegen: „Was bekommst du für das Projekt X als Tagessatz?" Elke hatte damit unwissend gegen einen Code verstoßen. Es war geradezu ungehörig, nach dem Einkommen zu fragen. Das wusste sie nicht.

Die Frage, was ist erlaubt und was nicht, stellt sich in jedem Berufsfeld. Für Menschen, die sich andere Berufsfelder anschauen, gibt es viele Möglichkeiten, sich zu irren. Daher widme ich diesem Phänomen einen besonderen Abschnitt unter der Überschrift „Ähnlichkeiten können täuschen".

2.4 Besonderheiten bei Verlust des Arbeitsplatzes

Kündigung als Chance Bevor wir dem Prozess weiter folgen, wende ich mich an diejenigen Leser, die gekündigt worden sind und nun zu neuen Ufern aufbrechen möchten. Durch die Zäsur „Kündigung" entsteht eine Chance, noch einmal neu nachzudenken, was man in seinem (Arbeits-)Leben erreichen will und was einem wichtig ist. Eine Auszeit nach jahrelangem, oft ununterbrochenem Schaffen kann auch gut tun.

Selbst wenn jemand sich nach einer Kündigung beruflich neu orientieren will, so heißt das nicht, dass die Erlebnisse am früheren Arbeitsplatz allein durch den Weggang erledigt sind. Eine nicht einverständliche Kündigung wird von den meisten Menschen als kränkend erlebt.

Wenn Sie von einer solchen Kündigung betroffen sind, dann sollten Sie nicht unterschätzen, dass Enttäuschungen und Kränkungen nach einer Kündigung oft besonders groß sein können. Es kann gut sein, dass Sie die Gefühle zunächst gar nicht spüren. Vielleicht bemerken Sie Haltungen an sich wie: Verweigerungen, Trotz, „Denen zeig' ich es" oder das Gegenteil, nämlich Resignation. Vielleicht sind Sie auch einfach gekränkt. Solche Gefühle sind nur zu verständlich. In vielen Fällen ist nicht fair mit Menschen, evtl. auch mit Ihnen, umgegangen worden. Loyalitäten, Arbeitseinsatz und emotionales Engagement sind nicht belohnt worden. Die Wut und Traurigkeit, die bei vielen aus diesem Grund vorhanden sind, brauchen Platz. Sie haben ein Recht auf diese Emotionen, und sie sind da, egal ob Sie diese Gefühle haben wollen oder nicht. Erfahrungsgemäß können Menschen sich erst wieder mit viel Einsatz in die Zukunft orientieren, wenn vorhandene negative Gefühle geäußert und sich selbst zugestanden werden. **Überprüfen Sie,** ob Sie beim Durchlesen mit einem inneren „Ja" geantwortet haben.

Reden Sie mit anderen über Ihre Empfindungen. Holen Sie sich bei Bedarf professionelle Unterstützung. Es geht um einen Prozess der Reinigung, der Psychohygiene, und den sollten Sie so schnell wie möglich angehen, damit Sie Ihre Kraft in die Zukunft richten können. Erneut gehört dazu ein Abschied von Vertrautem.

Wenn die Ausführungen bei Ihnen keine innere Resonanz ausgelöst haben, dann legen Sie diese als **geprüft** einfach beiseite. Für Sie ist Kränkung dauerhaft oder zurzeit kein Thema.

Exkurs: Unrealistische Fremd- und Selbstanforderungen

Der hier beschriebene Ansatz steht im Gegensatz zu der vielfach in der Gesellschaft vertretenen These, Menschen müssen nur flexibel sein und wollen, dann können sie sich neuen beruflichen Herausforderungen stellen und diese bewältigen. Wie Sie mittlerweile wissen, stimmt das nicht so einfach. Viele werden mit diesem Anspruch leicht überfordert und scheitern daran, dass sie sich diese Ansprüche zu Eigen machen. Das führt zur Überschätzung der realen Möglichkeiten. Daher im Folgenden einige weiter gehende Anmerkungen dazu.

Anforderungen versus eigene Möglichkeiten

An dieser Stelle werden Überlegungen zur beruflichen Identität in Beziehung zu den immer wieder vorgebrachten Anforderungen an arbeitslose Menschen gesetzt. Gefordert werden Kreativität, Initiative, Flexibilität, unkonventionelles oder konventionelles Verhalten je nach Bedarf.

Diese Verhaltensweisen erfordern hohe psychische Voraussetzungen. Neben Selbstvertrauen muss ein Mensch in der Lage sein, bei Bedarf quer zu Regeln zu denken und zu handeln. Das sind jedoch Potenziale, die selbst bei Menschen mit guter Ausbildung nicht automatisch selbstverständlich sind. Die meisten Menschen können solche Fähigkeiten bis zu einem gewissen Maße (abhängig von den persönlichen Voraussetzungen) erlernen. Das hier gemeinte Wissen und Können kann man nicht in einem Schulbuch erlernen noch in kurzen Trainingseinheiten im Stil eines Programms vermitteln. Es handelt sich um Lernen, das primär nicht kognitiv im Sinne eines zu vermittelnden Stoffes zu verstehen ist, sondern sich über die persönliche Erfahrung dem Einzelnen erschließt. Erst wenn der Betreffende selbst erlebt, dass er in der Lage ist, seine Kreativität zu entwickeln, wenn er die Gelegenheit hat, neue Verhaltensweisen ohne Druck auszuprobieren, dann können solche Fähigkeiten entdeckt und Teil der Persönlichkeit werden. Ein solches Lernen hat einen emanzipatorischen Charakter.

Wenn spezielle Unterstützung, diesbezügliche Schulungen und Einzelbegleitung nicht gegeben werden, dann besteht beispielsweise die Gefahr, dass Formen und Versuche wie die so genannte „Ich-AG" die emotionalen Möglichkeiten vieler Menschen überfordert. (In einer „Ich-AG" sollen sich arbeitslose Menschen mit finanzieller Unterstützung als Kleinstunternehmer selbstständig machen.) Scheitern und Insolvenzen werden daher in vielen Fällen die Folgen sein. Dies gilt hier besonders, da ein Teil des angedachten Personenkreises vermutlich nicht die notwendigen Voraussetzungen mitbringt. Schon der Begriff „Unternehmerpersönlichkeit" legt nahe, dass für eine selbstständige Berufsausübung notwendige persönliche Voraussetzungen angenommen werden. Neben so genannten fachlichen Qualifikationen und Hilfestellungen müssen Menschen abgeholt und mitgenommen werden, wenn große berufliche Umorientierungen angestrebt werden, wie sie mit der Gründung einer **„Ich-AG"** verbunden sind. So können aus Anforderungen (eigenen und fremden) wirklich eigene Möglichkeiten und Potenziale werden. Die Transferleistung stellt die Grundlage dar, um elementare berufliche Umstellungen erfolgreich zu bestehen. Vergleichbares gilt für viele andere Existenzgründungen.

Elke war auf dem Weg. Ihrer Strategie „Mehr lernen" folgend, hatte sie sich bereits mit mehreren neuen Themen beschäftigt sowie eine Weiterbildung in einem anderen Feld begonnen. Das ist natürlich nur ein Beispiel für mögliche Aktivitäten in der Öffnungsphase. Im weiteren Verlauf erfahren Sie, was Sie selbst Weiteres tun können und wie eine Neuorientierung aufgebaut werden kann. Eventuell auftretende Schwierigkeiten und mögliche Fallen auf diesem Weg werden aufgezeigt und dazu Lösungen angeboten.

2.5 Bisheriger Berufsverlauf – Suche nach der inneren Logik

Bestandsaufnahme

Zur Neuorientierung gehört eine Bestandsaufnahme: Von wo aus starte ich? Um dies zu ermitteln, betrachten Sie Ihre bisherige berufliche Entwicklung.

Beispielhafte Fragen sind:

Checkliste 5: Was reizt mich an meiner Tätigkeit (hat mich gereizt)?

Habe ich mir meinen Beruf ausgesucht oder ihn eher „anderen zuliebe" gewählt? (Schildern Sie die damalige Situation)

Was hat mich an meinem Beruf gereizt?

Was hätte ich lieber getan?

Was sprach dagegen?

Was macht mir an meinem Beruf Spaß?

Wann habe ich das letzte Mal bei der Arbeit Spaß gehabt?

Was habe ich genau dabei getan? (Beschreibung)

Woran habe ich meinen Spaß wahrgenommen?

Welchen Beruf haben/hatten meine Eltern und andere wichtige Verwandte?

Waren sie damit wirklich zufrieden?   Wenn nein:

Was wären sie gerne geworden?

Arbeite ich lieber alleine oder im Team?

Warum?

Was wollte ich (früher) in meinem Beruf erreichen bzw. bewegen?

Gibt es für mich zentrale Werte, die meine beruflichen Entscheidungen bestimmt haben?

Aus der Betrachtung der Vergangenheit werden Sie vermutlich eine innere Logik Ihres Werdegangs entdecken: War das zentrale Bedürfnis für Ihre Berufswahl, Ihre Reiselust zu befriedigen oder Ihr Sicherheitsbedürfnis? Bestimmten die Kategorien „sich messen", „sich beweisen" Ihr Handeln? Waren Sie besonders gut, wenn viel Konkurrenz oder viel Risiko Ihre Arbeit beeinflussten? Waren Sie besonders erfolgreich, wenn klare Strukturen vorgegeben waren oder brauchten Sie viel Freiraum?

Ihre bisherige berufliche Entwicklung wurde vermutlich durch Leitideen geprägt. Machen Sie sich klar, welche das waren. Leitideen können Erfolg, Geld, Selbstverwirklichung, Werte u.Ä. sein.

Sie können sich einen Überblick verschaffen, indem Sie die Fragen auf Ihr bisheriges Leben anpassen und schriftlich beantworten.

Berufsbiografie als Ausgangspunkt

Wir haben alle innere Beweggründe, die unser Berufsleben begleiten. Welche Antriebe haben Ihr berufliches Leben bisher bestimmt?

Checkliste 6: Welcher innere Antrieb bestimmt mein berufliches Tun?

Bin ich der Experte? Wie äußert sich das?

Bin ich der Macher? Wie äußert sich das?

Steht die Verpflichtung zu einer Idee für mich im Mittelpunkt? Welche ist das? Worin äußert sich diese Verpflichtung?

Reizt mich die Vorstellung, dass alle meinen Namen kennen? Wie sollte das geschehen? Was möchte ich über mich zum Ausdruck bringen?

Ist Sicherheit für mich ein entscheidendes Kriterium? Was heißt das konkret für mein Berufsleben?

Ist mir der Ausgleich zwischen Privatleben und Beruf besonders wichtig? Wie ist die Gewichtung? Auf was bin ich bereit zu verzichten?

Brauche ich Unabhängigkeit und Entscheidungsfreiheit? Woran merke ich dieses Bedürfnis? In welchem Rahmen fühle ich mich wohl? Wie viel Unabhängigkeit brauche ich?

Was ist für mich Erfolg? Wann habe ich zuletzt Erfolg verspürt? Wie sah das ganz konkret aus?

In welcher Währung drückt sich Erfolg für mich aus: Geld, soziale Anerkennung, Privilegien ...? Wann fühlen Sie sich adäquat belohnt? Beschreiben Sie diese Situationen genau!

Um unseren Weg weiterzuverfolgen, erweist es sich als hilfreich, sich über seine Antriebe und Grundorientierungen Rechenschaft abzulegen. „Was ist und was war mir in meinem Berufsleben wichtig?" lautet die eine Frage. Die andere: „Gibt es Veränderungen der Wertigkeiten in Hinblick auf Geld, Status, Zeit, Einfluss, Engagement?" Beantworten Sie diese Fragen schriftlich. Erneut soll die Checkliste Ihnen als Anleitung dienen. Versuchen Sie sich an frühere Begebenheiten zu erinnern und so genau wie möglich zu beschreiben. Vielleicht suchen Sie sich zusätzlich einen Gesprächspartner, der Sie gut einschätzen kann, um herauszufinden, welche Ihre zentralen Grundorientierungen sind.

Karriereanker

Wenn Sie sich noch ausführlicher mit Ihrer Berufsbiografie auseinander setzen wollen, dann empfehle ich den Fragebogen "Karriereanker" von Edgar H. Schein (vgl. Literaturempfehlung S. 171). Mithilfe dieses Instruments können Sie ermitteln, welche der angenommenen acht Grundorientierungen, Anker genannt, bisher Ihr berufliches Leben bestimmt haben. Ausgangspunkt für diesen Fragebogen ist die Erkenntnis, dass Menschen (nach einigen Berufsjahren) in der Regel innere Orientierungen ausbilden, die sie in ihren beruflichen Handlungen und Interessen bestimmen. Da ist der Experte oder der Manager, da sind diejenigen, die Sicherheit suchen, und die anderen, für die Unabhängigkeit der zentrale Faktor ist.

Grundlage ist ein Gespräch mit einer Person Ihres Vertrauens, das zwischen 3 und 5 Stunden (auch länger) dauern kann. Wenn Sie am Ende das Gespräch entsprechend der Anleitung auswerten, werden Sie erkennen, welche Orientierungen und Beweggründe Ihr Handeln bestimmen. Das Ergebnis kann durchaus im Unterschied zu Ihren eigenen Bildern über sich stehen. Das Gespräch löst erfahrungsgemäß einen inneren Prozess aus, da Sie Ihren gesamten beruflichen Weg (auch in Verbindung mit dem privaten) Revue passieren lassen. In diesem Zusammenhang erfahren Berufswahl, Entscheidungen, Hoffnungen, ergriffene und verpasste Chancen oft eine erneute Bewertung. So ist es auch Elke ergangen.

Manches war anders, als Elke glaubte
Bei der Betrachtung ihrer Berufsbiografie stellte sich erwartungsgemäß heraus, dass Antriebe für ihren Berufsweg „Gerechtigkeit" sowie „sozialer Ausgleich" gewesen waren. Es war nur folgerichtig, dass sie sich für ein professionelles Engagement im sozialen Bereich entschieden hatte.

Das war aber nur ein Teil der Wahrheit. Die Befassung mit der Berufsbiografie machte weiterhin deutlich, dass sie berufliche Situationen gesucht hatte, in denen sie sehr viel Freiheit besaß. Sie brauchte ebenfalls die Möglichkeit, zu gestalten und eigenverantwortlich zu handeln.

Unabhängigkeit als zentrales Motiv für ihr berufliches Handeln war ihr neu, sie wusste damit auch nichts so recht anzufangen. Offensichtlich hatte Elke es geschafft, nicht nur die ihr bewussten Antriebe (sozial und gerecht) zu leben, sondern auch ihre unbewussten (Gestalten, Unabhängigkeit). War sie einerseits froh, dass die Befragung nicht allein das ihr Bekannte ergeben hatte, zweifelte sie noch, ob sie den sozialen Bereich wirklich hinter sich lassen durfte und ob ihre früheren Entscheidungen doch falsch gewesen waren.

Elkes Beispiel veranschaulicht, wie die persönlichen Motive unbewusst das berufliche Drehbuch bestimmen. Ihr war nicht bewusst gewesen, wie zentral der Faktor Unabhängigkeit für sie war. Nach ihren Beschreibungen hatte sie über viele Jahre hinweg keine Einschränkungen ihrer Gestaltungsmöglichkeiten erfahren. Als dies nicht mehr der Fall war, hatte sie ihre Festanstellung aufgegeben. Als Basis für ihr weiteres Vorgehen, nahm sie eine Neubewertung ihrer Prioritäten vor. Die Rangfolge hatte sich geändert, auch wenn sie die neue Erkenntnis noch nicht in ihr Leben integrieren konnte.

Mit der Ermittlung der inneren Antriebe und Haltungen, die Ihr berufliches Leben bisher bestimmt haben, sind Sie ein wichtiges Stück weiter. Sie haben jetzt einen Überblick gewonnen, welche Werte, Ziele, Befürchtungen u.a. für Sie bisher handlungsanleitend gewesen sind. Sie können in der Regel davon ausgehen, dass es sich nicht um zufällige Aspekte, sondern um die Motivationen, die Sie auszeichnen, handelt. Daher werden diese vermutlich für Sie weiter zentral sein. Es handelt sich um Ihre Kriterien für Ihr Berufsleben. Die Rangfolge kann sich im Laufe der Zeit verschieben, so dass ein Wert (z.B. Unabhängigkeit, gesellschaftlich relevante Arbeit) in der jetzigen Situation eine neue Bedeutung bekommt.

Wenn Sie nun herausgefunden haben, was Sie bewegt, dann können Sie die folgenden Fragen konkreter beantworten:

Spezifizierung der Kriterien

- *Was will ich in meiner Arbeit verwirklicht sehen?*
- *Wann bin ich erfolgreich?*
- *Was will ich aus meiner Arbeit für mich herausziehen?*

Damit haben Sie die Kriterien, die in einer neuen Karriere für Sie von Bedeutung sind, spezifiziert. Sie haben sich einen weiteren Baustein für Ihre berufliche Neuorientierung erarbeitet, der vermutlich noch eine Bearbeitung erfährt.

Wie bereits erwähnt, finden die einzelnen Arbeits- und Erfahrungsschritte, die ich hier hintereinander anführe, teilweise parallel statt. Dabei begegnen Sie vermutlich den gleichen Themen (Ihren Werten, Regeln, Mustern, Ängsten usw.) in unterschiedlichen Kontexten und auch in mehreren Phasen. Wenn dies so ist, so können Sie davon ausgehen, dass es sich um für Sie individuell bedeutsame Bereiche handelt. Dies ist kein Grund zur Ungeduld. Es ist wie bei einer Spirale: Wir kommen bis zur gleichen Linie, nur auf einer anderen (meist höheren) Ebene.

Zur Öffnungsphase gehört natürlich wiederholtes Brainstorming. Sie sollten das von Anfang an ganz bewusst organisieren.

2.6 Brainstorming

Notizbuch Es ist von Nutzen, sich ein Notizbuch anzuschaffen, in dem Sie alle Überlegungen (Gefühle, Vorfälle, Beobachtungen) eintragen. Damit deutlich wird, dass dieses Aufschreiben etwas Neues und Besonderes ist, schaffen Sie sich ein Buch an, das Sie gerne anfassen, das sie gerne anschauen. Ob Sie nun den Einband selbst entwerfen, wie eine Klientin von mir, oder ob Sie nur ein Heft aussuchen: Wichtig ist, es sollte Ihnen gefallen, denn es wird Ihr ständiger Begleiter sein.

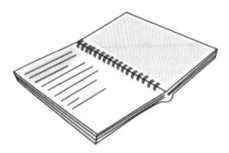

Fähigkeiten Beginnen Sie damit, Ihre **Fähigkeiten** aufzuschreiben. Erweitern Sie Ihre bisherige Liste, indem Sie überprüfen: Was wollten Sie schon immer ausprobieren und haben sich vielleicht bis jetzt nicht getraut? Welche Fähigkeiten liegen zusätzlich in Ihren **Hobbys?**

Beispiele:
In der Leitung eines Sportvereins kann man Erfahrung in Organisation, Motivation, Networking, Pressearbeit, Sponsoring etc. gewinnen. Vielleicht liegt Ihnen die Arbeit mit Menschen, vielleicht liegt Ihre Zukunft in der Umsetzung einer Idee, eines Geschäfts. Sind Ihre Hobbys eher künstlerisch, so haben Sie vielleicht einen Sinn für Proportionen und Ästhetik entwickelt: Sie schauen genau hin und können vom Konkreten abstrahieren

und Unterschiedliches kreativ verbinden. Dies könnte bedeuten, dass Ihre Talente insbesondere im Gestalten zu finden sind. Vielleicht sprechen Sie mehrere Sprachen, interessieren sich für andere Kulturen oder kochen gerne. Eine Tätigkeit, die auch international orientiert ist, könnte in Betracht kommen. Vielleicht liegen Ihre Fähigkeiten auch darin, verschiedene Generationen oder auch Menschen aus verschiedenen Kulturräumen zusammenzuführen. Die Anzahl der Möglichkeiten ist nahezu unbegrenzt. Daher machen Sie sich die Mühe, genau aufzuschreiben, was Sie machen und welche Qualitäten Sie quasi nebenbei entwickelt haben. In fast jedem Hobby werden Talente gefördert und Wissen erweitert. Es lohnt sich, dort nachzuschauen, denn es sind Gebiete, die Sie sich ausgesucht haben und die Ihnen in der Regel Spaß machen. Listen von Fertigkeiten können dabei helfen (zu finden z.B. in dem amerikanischen Bestseller „Durchstarten zum Traumjob" von Bolles oder in den Veröffentlichungen von Hesse/Schrader, vgl. Literaturempfehlung S. 174).

In Ihrer früheren Berufstätigkeit haben Sie viele **Erfahrungen** mit sich gemacht. Daher nutzen Sie diesen reichen Schatz. Was hat Sie besonders interessiert? Was hat Ihnen Spaß gemacht? Damit nichts übersehen wird, rate ich Ihnen, die einzelnen Erlebnisse oder Fertigkeiten aufzuschreiben, und zwar möglichst detailliert. Oft macht die Nuance einen Unterschied:„Ich habe X gerne gemacht" im Gegensatz zu: „Ich habe X mit anderen gerne gemacht". *Erfahrungen genau auswerten*

Nicht vergessen sollten Sie Ihre **alten Zukunftsträume:** Was hat Sie als Jugendlicher, was hat Sie während Ihres Studiums, Ihrer Berufsausbildung interessiert? Welche Zukunft haben Sie sich damals ausgemalt? Welche Fantasien haben Sie beflügelt? Gerade in unseren frühen Überlegungen und Wünschen liegen häufig Hinweise über Motivationen verborgen. *Alte Zukunftsträume*

Solche und ähnliche Überlegungen sind sehr wichtig, damit Sie für Ihren Prozess Stoff bekommen.

Zu diesem Zeitpunkt geht es darum, dass Sie Ihre Ideen und Potenziale ungefiltert aufschreiben. Ihre Gedanken werden angeregt zu spielen, so dass neue Zusammenhänge in der Fantasie entstehen können. Es geht noch nicht um die Umsetzung.

Ein Brainstorming beschränkt sich nicht zwangsläufig auf die Ideen, die Sie haben oder entwickeln. Sie können Menschen, die *Fremdwahrnehmung*

Ihnen wichtig sind, einbeziehen. Suchen Sie sich aus Ihrem Bekannten- und Freundeskreis zwei bis drei Personen aus, die Sie bitten, Ihnen zu sagen, was ihnen zu Ihrer Person einfällt. Sind Sie gemäß der **Fremdwahrnehmung** jemand, zu dem Antiquitäten passen, jemand, der gut verkaufen oder gut ordnen kann? Haben Bekannte und Freunde spontane Berufsideen zu Ihnen?

Träume aufschreiben Wenn Sie sich an Ihre **Träume** erinnern, schreiben Sie diese nieder. Sie können wichtiges Material enthalten, das sich Ihnen evtl. erst Monate später bei einer erneuten Durchsicht Ihrer Niederschrift erschließt. Entwicklungen, Impulse können sich in Form von Träumen artikulieren. Ich erinnere mich an eine Klientin, die plötzlich in verschiedenen Sprachen träumte und feststellte, dass sie ihre Sprachkompetenzen, die mit ihrem bisherigen Beruf nichts zu tun hatten, weiterverfolgen sollte.

Neugier und Interesse Achten Sie bei Gesprächen, wenn Sie Artikel lesen, durch die Stadt spazieren, bei allem, was Sie tun, darauf, ob Sie **neugierig** werden, wo Ihr Interesse länger wach bleibt, denn dort steckt erfahrungsgemäß Ihre Energie. **Interesse** (lat.: dazwischen sein) ist Ausdruck eines Antriebes, eines Bedürfnisses. Manchmal wissen wir zunächst gar nicht, woher unser Interesse kommt, wir spüren nur, dass wir mit Energie bei der Sache sind. Sie äußert sich u.a. in Aufregung, Begeisterung, Neugier, manchmal auch heftiger Abwehr. Das Ausmaß Ihrer Energie ist also ein wichtiger Indikator. Damit haben Sie eine Art Wegweiser, den Sie nutzen können. Immer dann, wenn ein Thema Ihre Energie verstärkt auf sich zieht, dann handelt es sich um ein Gebiet, das für Ihre berufliche Entwicklung relevant sein könnte.

Alle genannten Anregungen haben ein Ziel: Sammeln Sie Stoff, damit Sie Unterschiede beobachten und Unterscheidungen machen können. Sie lassen nun viele neue und ungewohnte Dinge, Gedanken auf sich wirken. Von einigen fühlen Sie sich kurz- oder langfristig angezogen, andere werden Sie direkt oder nach Ablauf von einiger Zeit beiseite lassen. Zentrales Auswahlkriterium dafür ist zunächst Ihr Interesse.

Das Buch – Ihr Buch, in dem Sie all dies aufschreiben – sollte während des gesamten Prozesses Ihr Begleiter sein.

Sie werden vermutlich viele verschiedene Ideen und mögliche Konkretisierungen aufschreiben, manches davon ausprobieren und auch wieder verwerfen, weil Sie herausfinden: „Es ist doch nicht das Richtige." Es kann jedoch vorkommen, dass Sie nach ca. einem halben Jahr eine bereits verworfene Idee wieder aufgreifen. Erst zu dem späteren Zeitpunkt sind Sie in der Lage, einen Wunsch, eine Idee aufzugreifen, die Ihnen vielleicht zu Beginn als unmöglich oder als absurd erschien. Das Bild einer Spirale veranschaulicht erneut den Vorgang. Zu unterschiedlichen Zeiten sehen wir uns mit Themen konfrontiert, die für uns bedeutsam sind. Die Themen selbst bleiben gleich, nur dadurch, dass wir unseren Weg weitergehen, können wir uns zu den Themen neu verhalten. In dem Modell der Spirale befinden wir uns auf einer anderen Ebene.

Neuorientierungsprozess als Spirale

Abb. 3: Neuorientierungsprozess als Spirale

Einige Themen beschäftigen uns meist in den einzelnen Phasen immer wieder neu. Manche davon wirken dann als Blockaden. Wiederholungen weisen darauf hin, dass das jeweilige Thema für den Einzelnen relevant ist. Um einen konstruktiven Umgang damit zu finden, sollten wir uns daher damit befassen. Es handelt sich z.B. um: die Angst etwas zu verpassen, alte Kränkungen, Wut, Ungeduld, „es recht machen zu wollen" sowie um familiäre Aufträge und Regeln. Die Gefühle bzw. die damit verbundenen Verhaltensweisen sind uns jeweils so vertraut oder treten so „automatisiert" auf, dass es meist eine Weile dauert, bevor wir uns von ihnen verabschieden können. Es besteht dennoch kein Grund, die Geduld zu verlieren. Die Spirale symbolisiert, dass wir immer wieder neue Teilaspekte der gleichen Themen in den unterschiedlichen Phasen bearbeiten (müssen).

Diese alten behindernden Muster beeinflussen so lange unsere eigenen Entscheidungen, bis wir von ihnen lassen können. Sie verlieren an Bedeutung. Dies erst gibt uns die Freiheit der Wahl. Wir erreichen die nächste Phase.

Erstes Anforderungsprofil

Prioritäten zum jetzigen Zeitpunkt

Tragen Sie alle Ideen, die Sie zum jetzigen Zeitpunkt zu einer neuen Tätigkeit bzw. Position haben, zusammen. Notieren Sie in Ihrem Buch, auf welche Interessen Sie auf keinen Fall in einem neuen Berufsfeld verzichten wollen. Beispielsweise können:

- Auslandsaufenthalte,
- zeitliche Begrenzung einer Aufgabe,
- Team oder Führungsaufgaben,
- eigenständiges Arbeiten,
- Gehaltsvorstellungen,
- ....

für Sie wesentliche Gesichtspunkte für Ihre spätere Wahl sein.

Welche Konditionen brauchen Sie aus jetziger Sicht? Vielleicht können Sie schon benennen, was Ihnen jetzt sonst noch bei einem neuen Job wichtig ist. Nach und nach sollten Sie dazu übergehen, die einzelnen Aspekte zusammenzuschreiben und ein Anforderungsprofil an eine neue Tätigkeit zu entwickeln. Unter der Überschrift **„Welche Anforderungen stelle ich an meine Tätigkeit?"** haben Sie nun Ihre Wünsche und Rahmenbedingungen schriftlich vor sich.

„Nur der erste Versuch"

Doch gehen Sie davon aus, dass es erfahrungsgemäß nicht bei diesem ersten Versuch, eine Projektion in die Zukunft vorzunehmen, bleibt. Sie haben damit eine Bestandsaufnahme Ihrer Erwartungen und Wünsche zu einem Zeitpunkt X gemacht, nicht mehr und nicht weniger. Elke beispielsweise konnte nur benennen, was sie **nicht** mehr wollte.

Eventuell ändern Sie Ihre Prioritäten (z.B. mehr Freiheit, dafür mehr Risiko) im Laufe des Prozesses. Neuorientierung bedeutet, dass Sie immer wieder bisher Unbekanntes und Fremdes daraufhin überprüfen werden, ob es zu Ihnen passen könnte. Wird dies bejaht, bedarf es in der Regel immer noch vieler innerer Auseinandersetzungen, bevor etwas Fremdes als Eigenes integriert werden kann.

Ich will das an einigen Beispielen erläutern:
Angenommen, bis jetzt haben Sie eine Karriere gemacht, die durch Titel und Status gekennzeichnet war. Nun entdecken Sie auf einmal Ihre künstlerische Seite. Können Sie sich vorstellen, jemand zu sein, der auf die gewohnte Anerkennung zunächst

einmal verzichtet, wie z.B. der ehemalige Oberst, der später eine Tischlerlehre absolviert hat und mittlerweile als Restaurateur tätig ist? Für andere wiederum ist es unvertraut, sich vorzustellen, noch einmal Student zu sein. Die Vorstellung, selbstständig tätig zu sein, ist für einen Menschen, der immer abhängig beschäftigt war, mindestens genauso befremdend wie für einen Selbstständigen die Perspektive, sich anstellen zu lassen.

Zurück bleibt ein kognitiver Eindruck
In/Nach Veränderungsprozessen machen wir u.a. folgende Erfahrungen: Bevor wir eine Veränderung durchmachen, können wir uns nicht wirklich vorstellen, uns dahin zu entwickeln. Wir wissen nicht, wie es ist, verändert zu sein, sich neu zu verhalten, anderes zu können. Nachdem wir das Neue integriert haben, können wir uns nicht vorstellen, dass es vorher einmal anders war. Oft geht das so weit, dass wir kein Einfühlungsvermögen mehr entwickeln können, wie es vorher gewesen ist und wie schwer wir uns getan haben, dahin zu kommen. Es bleibt oft bloß eine kognitive Erinnerung zurück: Wir wissen, das es wohl so gewesen sein muss. Das ist ein wesentliches Merkmal von Transformationsprozessen. Wenn wir etwas können, fällt es uns schwer zu verstehen, dass andere es nicht können. Die Fähigkeiten stehen uns ganz selbstverständlich zur Verfügung. Es ist doch alles ganz einfach, oder?

2.7 Hindernisse auf dem Weg

Ziel des Veränderungsprozesses ist es, sich auf dem Hintergrund der alten Erfahrungen neu in die Zukunft entwerfen zu können. Das geht jedoch nur, wenn man sich von Altem und Vertrautem verabschiedet. Einem neuen Entwurf stehen vor allem unsere Delegationen und Introjekte entgegen, denn sie melden sich als innere Stimmen.

Introjekte und Delegationen
Mit **Introjektion** bezeichnet man einen innerpsychischen Vorgang. Er bedeutet, dass sich jemand Erlebnis- oder Verhaltensweisen eines anderen zu Eigen macht. Demnach werden insbesondere Vorstellungen und Regeln der Eltern entsprechend der tiefenpsychologisch orientierten Theorie in das Über-Ich über-

nommen und obwohl fremd als Eigen begriffen. Im Sinne anderer psychologischer Theorien kann man einfach sagen, fremde Anteile (Überzeugungen, Haltungen usw.) von wichtigen Bezugspersonen oder für den Einzelnen bedeutenden Gruppen werden der eigenen Person oder Persönlichkeit als zugehörig zugeordnet. Die daraus resultierenden handlungsanleitenden Regeln nennt man **Introjekte.**

Der Begriff **Delegation** wird sowohl in der tiefenpsychologisch orientierten Theorie wie auch in der systemischen Familientherapie verwendet. Das dahinterstehende Konzept besagt, dass die vorangegangenen Generationen Wünsche, Befindlichkeiten sowie nicht befriedigend gelöste Konflikte als Vermächtnis in Form von Aufträgen an die nachfolgenden Generationen weitergeben. Auftretende Probleme werden auf dem Hintergrund dieser generationenübergreifenden Perspektive betrachtet.

Manchmal haben wir bei einer Neuorientierung das Gefühl, nicht voranzukommen, oder wir denken: „Es hat doch alles keinen Zweck." Wir sind blockiert. In der Regel steht ein neuer Schritt an, der mit unseren bisherigen Erfahrungen oder Überzeugungen kollidiert. Erst wenn wir überhaupt wahrnehmen, was uns hindert, haben wir die Möglichkeit, darauf Einfluss zu nehmen. Wieso das so ist, wird im weiteren Thema sein.

Von Blockaden und Fallen

Die innere Stimme Folgende Erfahrung haben Sie sicherlich auch schon gemacht: In passenden und unpassenden Situationen meldet sich eine innere Stimme, die sagt z.B. „Jeder an seinem Platz" (die Gesellschaft ist fest), „Ein echter X zeigt keine Schwäche" (Du musst stark sein), „Schuster bleib bei deinen Leisten" (Du darfst nicht hoch hinauf), „Denk an deine Sicherheit" (Riskiere nichts), „Künstler sind alle Spinner" (Kreative Berufe sind unsolide), „Man muss sich immer auf Neues einrichten" (Man muss immer flexibel sein), „Du bist nie gut genug" (Du wirst scheitern, andere sind immer besser), „Du sollst es auf jeden Fall besser haben" (Du musst mehr aus dir machen als wir), „Geld stinkt nicht" (Die Währung Geld ist höher als die der Moral). Jeder von Ihnen wird seine eigenen Merksätze haben. Sie sind unabhängig von Bildung und Status. Solche Sätze haben wir als Regeln verinnerlicht. Die wenigsten sind davon unsere eigenen, wir haben sie zumeist in unseren Familien gelernt –

und (teilweise zwangsweise) geschluckt. Bekannt ist die Erziehungsregel „Jungen weinen nicht". Damit wird eine sinnvolle körperliche Reaktion auf Verletzungen und Kränkungen sanktioniert.

Diese so genannten Introjekte bestimmen unser Verhalten stark, *Introjekte*
häufig ohne dass es uns in den jeweiligen Situationen bewusst ist. Wir glauben vielmehr, wir vertreten unsere Meinung, unsere Überzeugung. Die gelernten Bilder über die Welt und was „man tut", haben wir häufig nie überprüft, sondern unreflektiert als gegeben hingenommen. Einige Leitsätze gehören vielleicht sogar zentral zum eigenen Selbstverständnis, wir begreifen sie als Teil unserer Persönlichkeit. Häufig habe ich erlebt, dass Klienten irritiert reagierten, wenn ich etwas für sie Selbstverständliches hinterfragte: „Aber das macht man doch so" oder „Das ist doch selbstverständlich", so oder ähnlich lauteten die erstaunten bis empörten Reaktionen. Sicherlich fallen Ihnen entsprechende Erlebnisse aus Ihrem eigenen Leben ein.

Vergleichbares gilt für so genannte Delegationen: Der einzelne *Delegationen*
Mensch ist Teil seiner Familie, ihrer Traditionen, Mythen und Hoffnungen, unabhängig davon, ob die betreffenden Mitglieder noch leben oder der Kontakt gut oder schlecht ist. Zu den Delegationen kann insbesondere „erfolgreich sein" oder „scheitern" gehören. Manch einer musste erfolgreicher werden als andere aus seiner Familie, nach dem Motto: „Du sollst dich nie so abhängig fühlen wie ich." Manch ein anderer darf nicht erfolgreicher sein als beispielsweise sein Vater, der seine Träume, warum auch immer, nicht umsetzen konnte. Wenn der Sohn erfolgreicher als sein Vater wäre, stellt dieser Tatbestand die Leistung, im Einzelfall das Leben des Vaters in Frage. Der Sohn wäre ein lebender Beweis für andere Möglichkeiten und für einen anderen Lebensentwurf. Die geschilderte Konstellation kommt häufiger vor, als Sie vielleicht denken. Es gibt viele Menschen, die unter ihren Möglichkeiten bleiben. In zahlreichen Fällen hängt das ursächlich mit solchen Botschaften zusammen. Damit eine solche Botschaft, wie geschildert, wirkt, muss sie nicht ausgesprochen sein. Es reicht, wenn sie implizit existiert. Sie wirkt meist sogar noch dann, wenn die Bedingungen sich längst geändert haben, z.B. der Vater gar nicht mehr lebt.

Deutlich werden die Wirkmechanismen, wenn wir uns Angehöri- *Delegationen in*
gen von Familienunternehmen zuwenden, sie unterliegen meist *Unternehmerfamilien*
diversen Aufträgen. Bereits bei der Geburt werden Kinder dazu bestimmt, das Unternehmen weiterzuführen, oft werden schon

die späteren Rollen festgezurrt. Vielleicht erinnern Sie sich, in der beliebten amerikanischen Fernsehserie Dallas konnten wir die Bedeutung von Delegationen über Jahre hinweg verfolgen. Der millionenschwere Filmfiesling J. R. Ewing, ein Mann in den besten Jahren, ist ständig beschäftigt, die impliziten Erwartungen seines Vaters zu erfüllen und dessen vermeintliche Kämpfe zu führen. Sein Bruder Bobby hingegen ist die Verkörperung des Guten. Sicherlich, es handelt sich um eine Schwarz-Weiß-Zeichnung, aber an diesem Beispiel wird das Prinzip von Delegationen und Introjekten gut erkennbar.

In einigen Unternehmerfamilien ist praktisch schon beschlossen, was die Aufgabe der Kinder als Erwachsene sein wird, obwohl die Kinder noch in den Kindergarten gehen. Da Kinder auf die Anerkennung und das Lob der Eltern angewiesen sind, besteht eine große Wahrscheinlichkeit, dass sich ein Teil der Betreffenden in die gewünschte Richtung entwickelt. Ein kleinerer Anteil tendiert dazu, mit Verweigerung zu reagieren. Die geschilderten Bedingungen sind für die Betreffenden eine schwierige „Hypothek", um **das Eigene** zu entdecken, und können viel Konfliktstoff bieten.

Subtile Zuschreibungen Noch subtiler sind die Zuschreibungen bezogen auf Eigenschaften, Verhaltensweisen und Leistungen, die wir alle in unterschiedlicher Ausprägung kennen. Delegationen können sich auf Beruf („künstlerisch begabt wie Tante Elfriede"), auf Verhaltensweisen („eigensinnig wie der Opa"), Potenziale („wird scheitern wie sein Vater"), aber auch auf Rollenverhalten („wie dein Onkel, der war ein Hallodri als Mann") erstrecken.

Kinder bekommen „Aufträge", die Wünsche oder Ängste ihrer Eltern oder anderer Angehöriger auszuleben. Bemerkenswert ist, dass die Betreffenden in der Regel nicht wissen, dass sie etwas Fremdes ausleben bzw. Delegationen ausführen. Die Sender (meist Eltern) haben ihrerseits oft kein Bewusstsein, dass und wie sie ihre Botschaften senden. Die hier geschilderten Wirkmechanismen können nur angerissen werden. Sollten die Informationen für Sie neu gewesen sein, können Sie nun besser verstehen, welche Mechanismen bei Ihnen gegebenenfalls ablaufen. So können Sie in Ihre Überlegungen einbeziehen: Altes von früher wirkt in die Gegenwart und kann Neues beeinflussen und verhindern.

Achtung Falle: Innere Stimmen und familiäre Aufträge stellen sich oft den eigenen Wünsche bei einer beruflichen Neuorientierung in den Weg.

Angenommen, Sie lesen einen Zeitungsbericht über einen Ihnen bisher fremden Bereich und er interessiert Sie. Doch schnell entsteht der Impuls, ihn beiseite zu legen. Die Stimme sagt sinngemäß: „Das ist nichts für dich." Dann sollten Sie nach dem vorher Gelesenen misstrauisch werden. Vielleicht spielen Introjekte und Delegationen auch bei Ihnen eine größere Rolle. Um das zu überprüfen, empfehle ich Ihnen, sich die Mühe zu machen, Ihre Regeln bezüglich Ihres Könnens, Ihrer gesellschaftlichen Zugehörigkeit, Ihres Selbstvertrauens usw. sich vor Augen zu führen.

Stellen Sie mit Hilfe der folgenden Checklisten Ihre Regeln über die Welt auf, wie Sie als Person sein sollten und was Ihnen zugeschrieben worden ist:

Checkliste 7: Welche Regeln bestimmen mein Handeln?

Meine Regeln über die Welt:	Gelerntes Verhalten, Regeln über mich: Wie soll ich sein?	Was sagt meine Familie über mich?
Man muss misstrauisch sein ...	angepasst	Du bist wie ...
Nur Leistung zählt ...	draufgängerisch	Was ist gut/schlecht an mir?
Es wird schon gut gehen ...	aufopfernd	Du bist ein Träumer, Macher, Gewinner, Verlierer ...
	pflichtbewusst	Du bist ....
	Ich muss es Vater oder anderen „recht machen".	
	Ich muss mir treu bleiben.	

Eine solche Aufzählung dient als Anregung. Sie werden feststellen, dass Sie vermutlich unterstützende wie auch eher behindernde Botschaften explizit oder implizit mit auf den Weg bekommen haben. Führen Sie sich diese Liste immer wieder vor

Augen, um zu merken, wann Sie neue Ideen durch Einhaltung alter Regeln von vornherein unmöglich machen.

Auch Elke musste feststellen, dass Delegationen bei ihr immer noch wirkten.

Neue Einordnung

Eine Delegation von Elke lautete jahrelang: „Gerechtigkeit für die Zu-kurz-Gekommenen." Mit einer guten Ausbildung war die Verpflichtung verbunden, sich in den Dienst von anderen zu stellen. Dies hatte dazu geführt, dass sie sich bereits mit 13 Jahren ehrenamtlich engagierte.

Nach ihrer Vorstellung hatte sie bereitwillig den Auftrag übernommen, zur Verbesserung der Welt beizutragen und sich beruflich wie ehrenamtlich für Gerechtigkeit einzusetzen. Aufgrund ihrer Ausbildungen meinte sie um ihre Delegationen zu wissen. Elke war fest überzeugt, sie habe ihre Aufträge überprüft und diese aus eigener Entscheidung frei angenommen. Alles war so selbstverständlich gewesen. Andere Karrierepläne kamen ihr bis zu ihrem Ausstieg gar nicht in den Sinn. Elke war nicht so frei, wie sie meinte. Das wurde ihr im Verlauf des Prozesses deutlich. So musste sie sich gewaltig anstrengen, um sich die Erlaubnis zu geben, anderen Wünschen Raum zu geben, ohne sich schuldig zu fühlen. Sie erfüllte damit vorwiegend die Aufträge ihrer Mutter. Nach und nach konnte sie eine Neubewertung vornehmen. Die Ausprägung und die Reihenfolge ihrer jetzigen Prioritäten konnte sie herausfinden, ohne das Alte abzulehnen. Demnach war sie nicht verpflichtet, für immer das Gleiche zu machen.

An Elkes Beispiel wird deutlich, wie sukzessive die Integration von neuen Möglichkeiten erfolgt – Schritt für Schritt. Hilfreich war für Elke an dieser Stelle, dass ihr Vater zusätzlich andere Werte verkörperte. Von seiner Seite gab es andere Botschaften, die sie für den Prozess nutzen konnte.

Für ihren neuen Weg fand Elke einen Anknüpfungspunkt bei ihrem Vater. Mit Energie und Offenheit stand er – nach ihren Aussagen – dem Leben gegenüber. Krieg und Gefangenschaft hatte er überlebt, den Wiederaufbau mitgemacht. Trotz Familie hatte er in den 60er Jahren noch einmal die Schulbank gedrückt und eine zweite Karriere gestartet. Als sie noch ein Kind war, hatte er ihr Botschaften mit auf den Weg gegeben: „Ihr werdet sehen, jeder von euch wird mindestens drei Berufe haben müssen, um sich auf die vielen neuen Gegebenheiten und gesellschaftlichen Veränderungen einzustellen." „Man ist nie zu alt, um zu lernen." Mit über 50 Jahren lernte er beispielsweise Tennis und den Umgang mit Datenverarbeitung.

Elke hatte das Glück, einen Vater zu haben, der ihr bereits vorgelebt hatte, dass berufliche Neuorientierung mit Erfolg machbar ist. Das trifft sicherlich nicht auf jeden zu. Dennoch können Sie sich vermutlich auch aus Ihrer Familie Unterstützung holen.

Fahnden Sie nach Familienangehörigen, die unkonventionell, unbequem sind oder etwas Besonderes gemacht haben.

In nahezu jeder Familie gibt es Menschen, die sich anders, un- *Familiäre Vorbilder nutzen* konventionell oder besonders kraftvoll verhalten haben. Orientieren Sie sich an ihnen. Unser Blick kann sich durch ihr Beispiel öffnen, sind Sie doch ein Beweis, dass Herausforderungen zu meistern sind. Holen Sie sich die Kraft und den Mut für Ihren eigenen Weg, indem Sie dort anknüpfen. Übrigens, es lohnt sich auch Ausschau zu halten nach den Anverwandten, von denen Sie wenig wissen. Manchmal finden wir gerade dort andere Lebensentwürfe und damit neue Optionen, die uns bei dieser Entdeckungsreise weiterhelfen können.

Sollten Sie niemanden in Ihrer Familie kennen oder finden, dann suchen Sie sich Ersatzpersonen oder Ersatzfamilien, an denen Sie sich orientieren können. Auch das hilft.

Regeln und Aufträge bestimmen uns mehr, als manch einer von *Professionelle Hilfe suchen* Ihnen vermutlich gedacht hat. Sie wirken äußerst subtil, so dass es einer guter Schulung bedarf, um (zumindest meistens) die Wirkweisen mitzubekommen. Wenn Sie den Verdacht haben, dass solche Wirkmechanismen Ihrer beruflichen Neuorientierung dauerhaft im Wege stehen, sollten Sie sich nicht scheuen, einen Profi zu Rate ziehen, der Ihnen hilft, Argumente und Vorbehalte zu sortieren. So gewinnen Sie die notwendige Entscheidungsfreiheit.

Was ist notwendig, damit Sie Ihre eigenen beruflichen Wünsche *Das Eigene entdecken* entdecken und umsetzen können? Das herauszufinden steht bei einer wirklichen beruflichen Neuorientierung zunächst im Mittelpunkt der Aufmerksamkeit. Weder die Frage nach dem, was der Markt braucht, noch das Bemühen, sich als Marke aufzubauen, wird Sie wirklich dabei weiterbringen. „Was würde ich gerne tun, wenn eine Fee mir garantieren würde, dass **es** klappt?" Mittels solcher Szenarien können Sie herausfinden, wo Ihre Ambitionen liegen könnten. Das ist durchaus sinnvoll. Es macht in der Regel Spaß, frei von allen Zwängen den eigenen Assoziationen freien

Lauf zu lassen. Sie werden wertvolle Hinweise bekommen. Halten Sie daher Ihre diesbezüglichen Überlegungen in Ihrem Buch fest. Doch die Entwicklung von Fantasien ist leider nicht hinreichend.

Die beste Idee hilft nicht, wenn Sie diese nicht umsetzen können, weil die Umsetzung Ihnen – bezogen auf Ihre Person – als so wahrscheinlich wie „eine Reise zum Mond" erscheint.

Falle: schlechte Ratgeber

Nicht alle guten Freunde, Familienmitglieder und Bekannte eignen sich als Unterstützer in Ihrem Prozess. „Jetzt hast du doch so lange studiert (an deiner Karriere gearbeitet usw.), da kannst du doch nicht etwas ganz anderes machen", „Ich kenne jemanden, der ist ausgestiegen und hat nie mehr eine richtige Anstellung gefunden", „Noch nie hat jemand aus unserer Familie ...", „Wo soll denn das enden?", „Man kann doch nicht einfach alles hinschmeißen", „Man muss wissen, was man will", so oder ähnlich lauten gut oder eben nicht gut gemeinte Warnungen.

„Man-tut-Aussagen" Es handelt sich um **„Man-tut-Aussagen"** bzw. um die implizite Vermittlung von zur Allgemeingültigkeit erhobenen Regeln. Solche Aussagen sind für Sie nicht hilfreich und bringen Ihnen keine neue Information. Was Sie bisher gemacht haben, wissen Sie selbst. Dass Sie etwas aufgeben, haben Sie mittlerweile auch gemerkt. Dass Sie (noch) nicht wissen, wohin die Reise geht, ist Ihnen selbst klar.

Die Betreffenden meinen es nicht zwangsläufig schlecht mit Ihnen, manche werden ehrlich um Sie besorgt sein. Nur, bedenken Sie, auch die Personen aus Ihrer Umgebung haben ihre eigenen Regeln, nach denen sie die Welt einordnen. Für manche kann Ihr Ausstieg somit eine Bedrohung sein: Denn Sie zeigen, dass ein Berufswechsel möglich ist, dass man ständigen Druck oder Unterforderung nicht aushalten muss. Wenn Sie scheinbar Gegebenes nicht länger hinnehmen und sich damit anders als viele verhalten, dann fühlen sich manche Menschen in Frage gestellt. Sollten Sie mit diesem Verhalten zusätzlich noch erfolgreich sein, dann können einige aus Ihrem Umfeld das als Gefahr erleben, die ihre Ordnung zu erschüttern droht. Daher wundern Sie sich nicht, wenn auch Freunde von Ihnen dazu neigen sollten, die Gefahren und Schwierigkeiten, die mit Ihrem Ausstieg verbunden sind, heraufzubeschwören.

Gehen Sie davon aus, dass Freunde und Bekannte Ihnen gängige Vorschläge machen, wie zu schauen, was „der Markt" braucht, und erwarten, dass Sie diese Ideen aufgreifen und umsetzen. Das ist dann ein guter Gedanke, wenn Sie schon an dem Punkt sind, an dem Sie wissen, was Ihr Metier sein soll. Dann werden Sie von sich aus den Markt analysieren und überlegen, wie Sie Ihre Ideen platzieren können. Und zu dieser Zeit werden Sie auch das diesbezügliche Wissen Ihrer Freunde und Bekannten in Anspruch nehmen. Ansonsten ist dieser Ansatz hilfreicher Menschen, die meistens ihr eigenes Herangehen verallgemeinern, für Sie eher kontraproduktiv. Denn Ihr Ziel ist es ja, in Übereinstimmung mit Ihrer Person und aus Ihrem eigenen Antrieb eine berufliche Perspektive zu entwickeln.

Wirklich gute Ratgeber erkennen Sie daran, dass sie nach Ihren Motiven und Ihren Vorstellungen fragen. Entsprechend können die Fragen „Was wirst du tun, wenn ...?", "Was ist dir wichtig ...?" beispielsweise lauten. Diese Menschen wollen zunächst verstehen, konfrontieren Sie mit Widersprüchen und fragen nach. Es handelt sich meist um Personen, die mit sich weit gehend im Reinen sind und daher nicht die eigenen Vorstellung von der Welt als richtungweisend für alle anderen verstehen.

Erkennen von guten Ratgebern

> Gute Ratgeber sind an Ihnen interessiert, ohne gleich zu wissen, was für Sie gut ist.

Durch die Beschäftigung mit Ihren Grundorientierungen und damit, welche Überzeugungen Sie über sich und die Welt haben, haben Sie die Chance, viel über sich in Erfahrung zu bringen. Manchmal werden Sie vielleicht über sich überrascht, manchmal vielleicht erschrocken sein.

Das ist vollkommen normal und gehört zu diesem Prozess. Es braucht oft Zeit, bevor wir beispielsweise annehmen können, dass das bisherige berufliche Leben dadurch bestimmt war, endlich bei Vater oder Mutter zu landen, von ihnen gesehen bzw. akzeptiert zu werden. Gerade hoch leistungsfähige und -bereite Menschen finden die Wurzel für Ihr Tun häufig in familiären Konstellationen oder Aufträgen.

Bei der Betrachtung und (Neu-)Bewertung eigener Überzeugungen und beruflicher Entscheidungen hat jeder sein eigenes Tempo. Schnelligkeit können wir nicht erzwingen. Im Gegenteil, je verbissener wir werden, umso weniger kommen wir bei diesem

Eigenes Tempo

Prozess voran. **Nehmen Sie sich die Zeit dafür und nehmen Sie sich ernst, denn es geht um Sie.** In Anbetracht der vielen Stunden und der Energie, die Sie beruflich einsetzen, lohnt es sich, Zeit zu investieren, um Ihre Wünsche und Bedürfnisse sowie Ihre Potenziale im Hinblick auf Ihre berufliche Zukunft zu erkennen und umzusetzen. Dies ist oft harte Arbeit. Für unsere Leistungsfähigkeit und unser seelisches Gleichgewicht ist es daher unverzichtbar, den Energiehaushalt auszubalancieren.

2.8 Energiehaushalt aufbauen

Dieser Prozess, der sowohl auf der kognitiven Ebene wie auch auf der psychischen Ebene stattfindet, kostet Kraft. Ihre emotionale Befindlichkeit wird vermutlich schwankend sein. Wundern Sie sich nicht, wenn Sie sich „k. o." fühlen, obwohl Sie doch scheinbar nichts bzw. wenig getan haben. Sie sollten nicht untertreiben, denn Sie haben vermutlich viel getan. Psychische Prozesse sind durchaus anstrengend. Diejenigen unter Ihnen, die bisher wenig bewusste Erfahrungen mit psychischen Vorgängen gemacht haben, werden über solche Auswirkungen besonders verwundert sein. Es ist daher wichtig, dass Sie über genügend Energie verfügen.

Aufräumen

Um den Energiehaushalt aufzubauen, ist es hilfreich, alles zu erledigen, was in den letzten Jahren liegen geblieben ist. Räumen Sie ganz real auf, machen Sie Ihre Ablage, Briefe, Steuern und Ihren sonstigen Verwaltungskram. Nehmen Sie Kontakt zu Menschen auf, mit denen noch etwas offen ist. Steht ein Klärungsgespräch aus, so führen Sie es jetzt. Machen Sie sich eine Liste, mit allem, was Ihnen immer wieder in den Sinn kommt, aber beiseite geschoben wird. Indem Sie solche „Reste" erledigen, wird gebundene Energie frei.

Verdrängung kostet Energie

Dahinter steht das Verständnis, dass wir Energie verbrauchen, um unangenehme Aufgaben wie auch Erfahrungen, Erlebnisse, die wir noch nicht bewältigt haben, im Hintergrund zu halten. Wir neigen dazu, unangenehme Gedanken (z.B: vergessen, ein Buch zurückzugeben, zugesagten Brief noch nicht geschrieben zu haben) und Erlebnisse (Konflikte, Enttäuschungen) beiseite zu schieben. Manchmal ist dies notwendig und sinnvoll, vielfach jedoch nicht. Verdrängung bedeutet immer einen psychischen Energieaufwand, und der kann im Einzelfall sehr groß sein.

Die Gestalttherapie spricht in diesem Zusammenhang von *„offenen und geschlossenen Gestalten"*. Für das Verständnis des weiteren Textes ist es hilfreich, einige weitere Begriffe und Grundgedanken aus der dazugehörigen Theorie zu kennen. Daher folgt eine kurze Einführung:

Zur Gestalttherapie

„Ganz im Hier und Jetzt"
„Das Ganze ist mehr als die Summe der Teile"

Das sind zwei populäre Aussprüche aus der Gestalttherapie. Vielleicht kennen Sie sie? Der vorstehende Satz meint, dass eine Melodie mehr ist als die Aneinanderreihung von einzelnen Tönen. Natürlich heißt das auch, dass ein Mensch mehr ist als die Addition seiner stofflichen Bestandteile. Ebenso gilt, dass jeder mehr ist als der Teilaspekt, den er uns gerade zeigt und über den wir uns gerade ärgern oder freuen.

„Hier und Jetzt" drückt die Betrachtungsweise der Gestalttherapie aus. Sie ist auf die Gegenwart bezogen und fragt: „Was nimmst du jetzt im Moment wahr, wenn du deine Sinne einsetzt und deine körperlichen Reaktionen beobachtest?"

Die Vergangenheit spielt nur dann eine Rolle in der Gestalttherapie, wenn sie unsere Entwicklung behindert. Die Zukunft ist immer eine gedachte. Wir können Sie antizipieren. Doch die einzige Wirklichkeit, die wir leben können, ist die Gegenwart.

Historie
Die Gestalttherapie wurde in den fünfziger Jahren des letzten Jahrhunderts von Fritz Perls und seiner Frau Laura zusammen mit Paul Goodman in Amerika entwickelt und ist seit den Siebzigern in Europa ebenfalls etabliert. Ideen aus dem psychologischen Theorienspektrum (Psychoanalyse, Gestaltpsychologie, Feldtheorie) wie aus dem philosophischen (Existentialismus, Phänomenologie) sind in die Gestalttherapie eingeflossen und zusammengeführt worden. Gestalttherapie sieht sich in der *Tradition*

der humanistischen Psychologie und vertritt einen *ganzheitlichen Ansatz*, in dem Denken, Handeln, Fühlen und Empfinden als Aspekte von Körper, Seele und Geist, die aufeinander bezogen sind, verstanden werden.

Zielsetzung

Ziel ist persönliches Wachstum, Kreativität und Selbstentfaltung unter Berücksichtigung der Belange der Umwelt und des jeweiligen Umfeldes. Der Einzelne befindet sich in einem sozialen, ökologischen und politischen Umfeld, in einer Welt, mit der er sich im wechselseitigen Austausch befindet. Das Ausmaß des Austausches ist unterschiedlich. Kein Organismus kann leben, ohne zumindest zu atmen sowie Nahrung aufzunehmen und auszuscheiden. Hierbei handelt es sich um den minimalsten Austausch. Um zu **wachsen,** brauchen wir die Begegnung, den **Kontakt** mit Neuem und anderem: Wie bei der Nahrung gilt es, aufzunehmen und einzuverleiben, was mir gut tut, und auszuscheiden, was ich nicht gebrauchen kann.

Für die folgenden Kapitel sind zwei weitere Konzepte von Relevanz: **Vordergrund/Hintergrund** sowie **offene** und **geschlossene Gestalten.**

Die Bildung von *Vordergrund* und *Hintergrund* ist eine notwendige Fähigkeit, die wir brauchen, um handlungsfähig zu sein. Es handelt sich um einen quasi automatisierten Prozess. Im Normalfall sind wir in der Lage, beispielsweise am Schreibtisch zu sitzen und Papiere zu bearbeiten. Das, was wir tun, steht im *Vordergrund*, alles andere, was uns auch noch beschäftigt, oder der geplante Theaterbesuch bleibt im *Hintergrund*, da die Angelegenheiten momentan nicht wichtig sind. Wenn wir unsere Aufgabe erledigt haben, dann schweifen unsere Gedanken vielleicht zu dem anstehenden Besuch der Schwiegermutter. Die erledigte Büroarbeit wird *Hintergrund* und der Besuch tritt in den *Vordergrund*. Im Normalfall sind wir flexibel genug, uns auf eines zu konzentrieren und anderes, weil es für den Zusammenhang jetzt uninteressant ist, außer Acht zu lassen. Anders ist es vermutlich, wenn wir uns morgens vor der Arbeit mit unserem Partner gestritten haben. Funktioniert die Beziehung und können wir das Problem in absehbarer Zeit klären, dann können wir meist Vordergrund und Hintergrund bilden. Dennoch müssen wir etwas Kraft aufwenden, um uns trotz des Streits der Arbeit widmen zu können. Wollen wir dauerhaft ein Gefühl, ein Erlebnis von uns weghalten, müssen wir dementsprechend viel psychische Energie aufwenden. Das kostet im wahrsten Sinne des Wortes Kraft und strengt an.

Es gibt so genannte **offene Gestalten,** damit sind Prozesse gemeint, die noch nicht beendet sind, wie ein noch ausstehendes zweites Gespräch mit Ihrem Verhandlungspartner. Es ist unklar, was aus dem Kontakt wird. Die Beziehung ist die offene Gestalt. Als offene Gestalten bezeichnet man in der Gestalttherapie auch solche Erfahrungen, die bereits in der Vergangenheit liegen, aber noch in uns heimlich oder offen rumoren, wie z.B. die Kränkung über eine übergangene Beförderung. Im Gegensatz dazu sind **geschlossene Gestalten** verarbeitete Erfahrungen und beendete Vorgänge, die wir in unser Leben als Vergangenheit integriert haben. Wie bereits geschildert, wenden wir viel Kraft auf, um manche als unangenehm empfundene Gefühle nicht zu spüren, um an schmerzhafte Erlebnisse nicht erinnert zu werden. Zum Zeitpunkt, als wir verletzt worden sind und wir nichts dagegen tun konnten, war es oft klug, die Gefühle nicht zu spüren. Auf die Dauer beeinträchtigt es uns jedoch meist mehr, als es uns nutzt. Damit wir die Energie wieder zur Verfügung bekommen, müssen wir solche **offenen Gestalten schließen.**

Die frei gewordene Energie können wir nutzen, um z.B. im Rahmen einer beruflichen Neuorientierung unsere vorhandenen (manchmal verschütteten oder nie ausgebildeten) Fähigkeiten und Ressourcen zu entdecken.

Alte Gestalten aus dem beruflichen Tätigkeitsfeld schließen

Um für den weiteren Prozess ausreichend Energie zu haben, ist es demnach ratsam, Ballast abzuwerfen. Ähnlich wie bei einem Ballon kann so der Auftrieb unterstützt werden. Die Kräfte nach unten wirken somit nicht mehr so stark dagegen. Ähnlich verhält es sich mit den alten Gestalten (⸳⸳⸳⸥ Gestalttheorie) aus unserem früheren Betätigungsfeld, die noch offen sind. Die zugrunde liegende Annahme lautet, dass Erlebnisse und Begegnungen, die wir gehabt haben, noch nachwirken und unser Handeln, zumindest indirekt, weiter beeinflussen.

Wir kennen diese Phänomene aus Scheidungsgeschichten, wo sie besonders eindrücklich sind. Für einen Außenstehenden unverständlich, streiten Paare sich über Jahre hinweg um scheinbare Nichtigkeiten. Im Hintergrund stehen enttäuschte Erwartungen und Kränkungen. Um loslassen zu können, müssen die Gefühle zugelassen und formuliert werden und ihre Berechtigung erhalten. Mit anderen Worten, es geht in diesen Fällen fast

Beispiel Scheidung

immer darum, sich mit seinen Gefühlen zu äußern, damit gesehen und anerkannt zu werden.

Beispiel Berufswelt Analoges gilt für die Berufswelt. Ich habe die Erfahrung bei mir wie auch bei meinen Klienten gemacht, dass die Art, wie mit uns umgegangen worden ist, die Art, in der wir beispielsweise aus einer beruflichen Karriere ausgestiegen sind, sich sehr entscheidend auf den weiteren Berufsweg auswirkt. Kränkungen beispielsweise, die wir nicht bearbeitet haben, zehren schwer. Sie kosten uns Energie und verstellen oft noch den Blick auf das mögliche Neue.

„Offene Rechnungen" Sollten Sie merken, dass Sie auf der Stelle treten, dann überprüfen Sie, ob Sie noch an Altem festhalten. Bei näherer Betrachtung kann sich herausstellen, dass für uns noch Rechnungen offen sind. Manche Menschen verharren lange in der Phase, die stark von offener oder verdeckter Wut bestimmt wird. Das sollten Sie vermeiden. Die Beschäftigung mit solchen Gefühlen hat Vorrang.

Erneut: Wenn Sie Wut und Kränkung, Scham oder Traurigkeit in Zusammenhang mit Ihrem vorherigen Berufsleben spüren, sollten Sie die Gefühle ernst nehmen. Sie nehmen damit sich selber ernst.

Meist neigen wir dazu, rational geprägt und vernünftig zu sein. Da wir wissen, dass uns niemand etwas wiedergibt, gestehen wir uns gar nicht zu, dass wir Wiedergutmachung erwarten und eigentlich zutiefst wütend sind. Ob Sie wollen oder nicht, Ihre Gefühle sind da. Wirklich vernünftig ist es daher, uns den starken Gefühlen nicht zu widersetzen, sondern ihnen offiziell Platz zu geben: Sie sind z.B. wütend und enttäuscht und Sie stehen dazu.

Lösungsmöglichkeiten Ich rate meinen Klienten zum Umgang damit, z.B. einen unzensierten Brief an Kollegen oder den Personalchef, auf wen immer sie wütend sind oder von denen sie sich enttäuscht fühlen, zu schreiben. Gemeinsam wird hierzu ein passendes Ritual gefunden. So wurden beispielsweise solche Briefe verbrannt oder beerdigt, nachdem sie laut vorgelesen worden sind. Auch Abschiedsgeschenke von Kollegen wurden schon in meiner Praxis zerschmissen und zerschnitten. Für andere ist es entlastend, Ihre Gefühle in Formen und Farben auszudrücken. Sollten Sie feststellen, dass Kränkung oder andere negative Gefühle Sie hindern, aktiv zu werden, dann probieren Sie, Ihre Emotionen aufzuschreiben, zu formen, zu malen, musikalisch umzusetzen u. Ä. Halten Sie Ausschau, ob Freunde oder Bekannte sich als Gesprächspartner anbieten. Meist ist es erleichternd zu erfahren, dass andere vergleichbare Erlebnisse hatten, und zu sehen, wie sie mit ihren jeweiligen Gefühlen umgegangen sind.

Manchmal sitzen Wut und Enttäuschung jedoch so tief, dass es einen längeren Zeitraum und verschiedener Schritte bedarf, bevor wir sie loslassen können. In der Zwischenzeit sind wir oft nicht in der Lage, uns für Neues wirklich offen zu machen. Wenn Sie merken, dass Sie von alten negativen Gefühlen stark bestimmt werden und nicht alleine herauskommen, dann sollten Sie ins Auge fassen, für solche Themen professionelle Hilfe hinzuzuziehen.

Kreative Potenziale und ihre Einflüsse

Zum Auftanken Ihres Energiehaushaltes ist es sinnvoll, Ihre kreativen Möglichkeiten zu nutzen. Jeder hat sie, manchmal muss man sie allerdings erst entdecken.

Zur Erinnerung: Dieser Prozess gestaltet sich für jeden Einzelnen von Ihnen individuell. Mal liegt der Schwerpunkt beispielsweise im Brainstorming, mal stehen die Blockaden im Vordergrund. Die zentrale Idee der ersten drei Phasen (Trennungs-, Öffnungs- und Suchphase) besteht darin, sich zu öffnen und offen zu sein. Aktiv auf die Welt zuzugehen und Neues auszuprobieren wechselt sich ab mit der Beschäftigung mit sich selbst. Ihr kreatives Potenzial ist dabei ebenfalls gefragt. Wollten Sie nicht schon immer malen, musizieren, bildhauern, Fallschirmspringen, Yoga lernen? Dann ist jetzt die Zeit dazu.

Manche von Ihnen mögen sich als unkreativ bezeichnen. Auf diesen Einwand kann ich nur sagen, **es gibt keine unkreativen Menschen, es gibt nur darin ungeübte.** Es ist an der Zeit, dass verschüttete Ressourcen freigelegt werden. Das Anspruchsniveau dabei liegt nicht auf Können, sondern auf Lernen, nicht auf Leistung, sondern auf Freude und darin, sich in vielleicht unbekannter Art zu erfahren. Erfahrungsgemäß tun sich insbesondere Männer damit schwer. Daher sei noch der Hinweis gestattet, dass sich die Effizienz von Lernprozessen nachweislich durch Einbeziehung beider Gehirnhälften steigert.

Kreative Ressourcen freilegen

Niemand ist unmusikalisch

Elke hatte für sich Singen gewählt. Das war für sie eine Herausforderung, weil sie mit der Zuschreibung, unmusikalisch zu sein, falsch zu singen, aufgewachsen war. Unter diesem Stigma hatte sie sehr gelitten. Ihr Freund und andere hatten ihr gut zugeredet, und sie traute sich. Sie wollte wissen, ob es wirklich stimmte, dass sie unmusikalisch sei, und nahm Gesangsstunden. Mittlerweile singt sie gerne. Sie beschrieb es geradezu als Gewinn von Lebensqualität. Darüber hinaus machte sie für sich selbst eine spannende Entdeckung.

Analog zu ihrem Veränderungsprozess verhielt es sich auch mit ihrer Stimme: War sie eher blockiert, dann unterbrach sie auch während des Unterrichts den Atem, hielt die Körperspannung nicht aufrecht usw. War sie dagegen offen für den nächsten Schritt, konnte sie sich auch dort zeigen. Nach ihrer Schilderung ging es sogar noch weiter. Konnte die Gesangslehrerin sie ermutigen, stimmliche oder körperliche Blockaden zu lockern, so hatte das positive Rückwirkungen für den beruflichen Prozess.

Damit hatte Elke für sich eine Art Spiegel entdeckt, und zwar einen direkt sinnlich erfahrbaren. So entwickelte sich ein paralleles Lernfeld.

Kreatives Tun als Spiegel

Das Medium, das Feld kann unterschiedlich sein, die Entsprechungen sind ähnlich. Jedes kreative Tun gibt Ihnen ein Feedback, eine Aussage über Sie selbst in Bezug auf: Leistungsdruck, Art des Herangehens, Geduld, Selbstvertrauen, Einfühlungsvermögen, Akzeptanz von dem Material oder dem Medium inhärenten Prinzipien. All dies und mehr kann so neu erfahrbar werden. Aus der Psychologie weiß man, dass ein Transfer zwischen unterschiedlichen Bereichen häufig stattfindet: **Neu Gelerntes aus einem kreativen Feld kann in den normalen Alltag übertragen werden.**

Kognitiv ist dieses den meisten von Ihnen jetzt klar. Aus langjähriger Erfahrung halte ich es für notwendig, die Bedeutung solcher Lernerfahrungen näher auszuführen.

Sollten Sie zur Ungeduld oder dazu neigen, Dinge unter Aufwand aller Kräfte umzusetzen, dann werden Sie vielleicht beim Musizieren (beim Malen, Filmen) erleben, dass Sie beispielsweise eine Stimmentwicklung nicht erzwingen können. Stattdessen machen Sie die Erfahrung, dass die Stimme sich dennoch verbessert, erst recht, wenn Sie gelassener werden und auf Ihr eigenes Tempo vertrauen. Wenn eine solche Erfahrung internalisiert wird, dann werden Sie in der Lage sein, in anderen Situationen vielleicht weniger zwingend zu sein.

Der Umgang mit unterschiedlichen Materialien erfordert unterschiedliches Herangehen, Stein will anders bearbeitet werden als Ton. Adäquates und abgestuftes Handeln erfährt hier im krea-tiven Bereich seine Entsprechung. Gelernt werden kann so genaueres Hinschauen auf die Erfordernisse der Umwelt, um daraus passende Antworten zu entwickeln. Intellektuell sind die Unterschiede den meisten von uns klar, nur sinnlich zu erfahren, dass es einen Unterschied macht, welchen Ton/welchen Stein ich vorfinde, wie ich ihn bearbeiten muss, das prägt sich uns ein. Dieses Erleben kann zu einer direkten Ausweitung unserer Handlungsmöglichkeiten führen.

Für alle, die beim Lesen dieser Passagen immer noch denken, dass es sich um Zeitverschwendung bzw. **„nur"** um Hobbys handelt, folgt nochmals eine kurze theoretische Einordnung.

Bei Musik, Kunst wie im Sport machen wir Erfahrungen, die nicht überwiegend vom Intellekt bestimmt werden. Dadurch kann Neues zu uns vordringen, quasi an unserer inneren Zensur vorbeigelangen. Viele von Ihnen sind es gewohnt, sich anzustrengen, Leistung zu bringen. Darum geht es hier **genau nicht.** Es geht hier eben **nicht** darum, schön zu malen, zu singen usw., sondern sich in der Auseinandersetzung mit einem anderen Kontext zu erfahren. Das Ergebnis ist zunächst nachrangig. Sie können, dürfen und sollen Spaß beim Ausprobieren haben **und** Kraft daraus schöpfen. Mit anderen Worten, sie schlagen zwei Fliegen mit einer Klappe: Spaß und Nützlichkeit gehen Hand in Hand.

Theoretische Einordnung

2.9 Anschlussfähigkeit beachten

Wir müssen uns immer wieder klar machen, in welchem Kontext wir uns bewegen. Besonders schwierig kann die Erkundung ähnlicher Berufsfelder sein, da auf den ersten Blick die Ähnlichkeiten überwiegen. Immer geht es darum, den richtigen Schlüssel ins Schloss zu stecken und daran zu denken: Der alte passt nicht mehr.

Wie leicht man sich täuschen kann, diese Erfahrung musste Elke leider mehrfach machen, und ihre Erfahrungen sind typisch:

Ähnlich ist nicht gleich

Nach ca. einem halben Jahr wurde Elke etwas ruhiger. Sie hatte, wie Sie verfolgen konnten, diverse Kurse besucht, sich mit verschiedenen Aspekten des Ausstiegs beschäftigt und versuchte weniger zu machen, sondern die Welt etwas mehr auf sich einwirken zu lassen. Sie genoss es mittlerweile, morgens im Café ihren Milchkaffee zu trinken und dabei drei Zeitungen zu lesen.

Sie erinnern sich, Elke hatte eine Weiterqualifizierung begonnen, in dem Glauben, sie müsse sich nur weiterqualifizieren. Wie üblich dachte sie in Inhalten, Verfahren usw. Dabei übersah sie, dass (zumal ihr die Inhalte aus anderen Zusammenhängen bekannt waren) sie die Chance hatte, über die anderen Teilnehmer Einblick in andere Berufswelten zu erhalten. Man muss es deutlich sagen, diese Chance hat sie vertan. Wie konnte das geschehen? Anhand von Fragen wurde deutlich, es lag zunächst an ihren Erwartungen. Sie erwartete, dort Menschen zu treffen, die sich von ihrem bekannten Umfeld unterscheiden und eher ihren Bildern und ihren Erfahrungen mit Menschen aus dem Business-Bereich entsprechen würden. Vermeintlich gut vorbereitet, wollte sie sich dem Fremden stellen. Stattdessen erschien ihr alles vertraut: der gleiche Fachjargon, die gleichen Umgangsformen. Die anderen Teilnehmer waren u. a. Psychologen wie sie, einige waren sogar wie sie früher bei sozialen Trägern angestellt. Andere hatten eine Weiterbildung am gleichen Institut absolviert. Vorschnell stellte sie sich um, und ihre Achtsamkeit ließ nach.

Elke hatte nicht bedacht, dass der gleiche Ausgangsberuf und eine ähnliche Fortbildung nichts oder nur wenig über Gemeinsamkeiten aussagen. Sie hatte Gleichheiten unterstellt, wo nur Ähnlichkeiten waren. Entsprechend hatte sie Fragen gestellt, die nicht passten, und andere Fragen nicht gestellt, die sicherlich für sie interessant gewesen wären.

Wie sehr Elke noch in ihrem alten Denken verhaftet war, wurde aus der Schilderung eines Gespräches mit einem Personalberater einer großen Bank, ebenfalls Psychologe, sichtbar. Er erzählte ihr von Konflikten und Intrigen am Arbeitsplatz und dass er stolz wäre, den Kampf aufzunehmen. Er berichtete auch, wie sehr er unter der Atmosphäre leide. Viele der von ihm benutzten Vokabeln entstammten der Kriegssprache. Statt die Gelegenheit zu ergreifen, etwas über die Kultur des Hauses und die Strukturen zu erfahren, in denen ein Arbeitsplatz offensichtlich ein Kampfplatz war, verfiel sie zunächst ganz in eine therapeutische Grundhaltung, die das Klagen hörte und die Selbstverständlichkeit des Kampfes überhörte: Was tut dieser Mensch sich da an? Sie unterstellte bei dem Berufskollegen ein gemeinsames Grundverständnis. Erst später wurde ihr deutlich: Seine Sprache war nicht primär Ausdruck eines individuellen Problems, sondern Widerspiegelung eines generellen Umgangs in dieser Bank.

Erinnern sie sich ab und zu an Elke, wenn Sie sich in einem ähnlichen Berufsfeld bewegen. Halten Sie Ausschau nach den Unterschieden.

Gleiche Sprache – andere Inhalte

Die gleiche Sprache verleitet dazu, das Fremde zu übersehen. Diese kollektive Erfahrung haben Ost- wie Westdeutsche im Rahmen der deutschen Wiedervereinigung gemacht. Vergleichbares gilt für den Umgang von uns Deutschen mit Menschen aus anderen Ländern, in denen Deutsch gesprochen wird, wie Österreich und der Schweiz.

Entsprechende Probleme ergeben sich durch unterschiedliche *Berufsspezifische Sprache*
Ausbildungen. Wir kennen auch da die andere Sprache nicht. Juristen und Betriebswirtschaftler, Mediziner, Ingenieure, Menschen, die für den Vertrieb zuständig sind, um nur einige Berufsgruppen herauszugreifen, sie alle benutzen einen jeweils unterschiedlichen Code und haben eine berufsspezifische Art zu denken und die Welt zu betrachten gelernt.

Im Prinzip wissen wir das, allerdings ohne uns dessen ständig bewusst zu sein. Jedes Unternehmen hat eine eigene Art, wie seine Kultur intern, explizit und implizit kommuniziert wird. Selbst da gibt es häufig Missverständnisse, denn Verkauf, Produktion, Entwicklung und Verwaltung gehen an ein Problem unterschiedlich heran: **Sie denken einfach anders.** In der Chemieindustrie wird anders gesprochen als in der Metallindustrie, und es macht einen Unterschied, ob jemand Flugzeuge oder Autos verkauft. Analoges gilt für Non-Profit-Unternehmen, hier gibt es ebenfalls Unterschiede in den Regeln, Codes etc. Es ist bedeutend, ob die Kirche oder die Arbeiterwohlfahrt der Arbeitgeber ist. Auch die Kunstbranchen haben selbstverständlich ihren eigenen Habitus.

Alles das wissen und beachten wir – dem Grunde nach. Viele Missverständnisse entstehen dennoch dadurch, dass scheinbar Gleiches für Menschen Unterschiedliches bedeutet.

In der Berufswelt sind kommunikative Missverständnisse bei vielen Gelegenheiten anzutreffen. Menschen neigen dazu, die eigene Wahrnehmung, das eigene Verhalten als die gültige Verhaltensform auf andere zu projizieren bzw. anderen zu unterstellen und auf dieser Basis zu agieren. Nur wenn der andere (in dem Fall Sie) offenkundig fremd und interessant ist, wird nachgefragt und erklärt. Also, wenn Sie sich im Rahmen Ihrer Erkundungen in ein Umfeld begeben, in dem Sie nicht zu Hause sind, fragen Sie im eigenen Interesse nach. So signalisieren Sie Ihrem Gegenüber, dass Sie der Fremde sind, der wissen und lernen will. Vielleicht greift Ihr Gesprächspartner Ihr Angebot auf und versucht sich als **Fremdenführer.**

Fremdheit nutzen

Viele haben ähnliche Erfahrungen wie Elke gemacht: Selbst wenn wir um die Gefahr wissen, lassen wir uns dennoch ganz schnell durch Ähnlichkeiten täuschen. Also: **Genaues Sondieren des Terrains ist immer angesagt.** Je fremder der Bereich ist, den wir betrachten, umso mehr sollten wir von uns aus eine Erkundungshaltung annehmen. Wir sind dort Unwissende. Ich empfehle meinen Klienten immer, sich als Anthropologen diesen „unbekannten Ländern" zu nähern, selbst wenn ihnen die Umstände vertraut erscheinen.

Neues Wissen erarbeiten   In Ihrem ehemaligen Bereich kannten Sie sich aus. Sie wussten, womit Sie wen erreichten, was dort, wo Sie tätig waren, auf keinen Fall geschehen durfte, was dort als ein Tabubruch galt usw. Wenden Sie sich neuen Feldern zu, dann gilt alles nicht mehr. Das jedem Bereich eigene implizite Wissen, das die Teilnehmer des jeweiligen Systems kennen, fehlt Ihnen nun. Sie müssen sich dieses Wissen neu erarbeiten. Relativ einfach ist es, solange es sich um Formalien handelt wie: Sollten Bewerbungen per Brief oder per E-Mail erfolgen? Schwieriger wird es bei Aspekten wie: Wer kann mit wem? Über wen laufen die offiziellen, über wen die (erlaubten) inoffiziellen Wege? Wo bekommt man welche Information?

Ihre Haltung als Fragender und Fremder wird Ihnen weiterhelfen, die notwendigen Informationen zu erlangen. Achten Sie vor al-

lem in für Sie neuen Situationen darauf, in welchem Bezugs-
rahmen Ihr Gegenüber agiert. Ist er Vertreter seiner Berufs-
gruppe, seiner Ausbildungsstätte, seines Status? Sie wollen
das Interesse des anderen gewinnen, also müssen Sie lernen
anzudocken.

Sie können noch so gut sein – wenn Sie nicht die richtigen Fragen stellen, wenn der andere nicht zuhört oder für Sie nicht
offen ist, haben Sie keine Chance. In Kontakt zu kommen bedeutet nicht einfach, sich unauffällig zu verhalten. Es setzt
jedoch voraus, die impliziten Regeln zu erforschen und einzu-
halten. Auch überraschendes Verhalten kann Kontakt herstellen. Vermutlich ist Letzteres im Kreativbereich (Film, Kunst, Werbung) weitaus gefragter, denn dort gehört es wiederum eher zu
den Regeln als unter Angehörigen des Beamtenstandes. Sondieren Sie Ihr anvisiertes Terrain. Passen Sie sich z.B. in der
Kleidung an, sich zu verstellen ist allerdings nicht angesagt.
Wenn Ihnen beispielsweise das Formelle liegt, erscheint es
nicht ratsam, auf ungewöhnlich zu machen und umgekehrt.

Emotionale Ausschläge sind während des Neuorientierungspro-
zesses erfahrungsgemäß normal. Der Umgang mit den möglichen Wechselbädern ist gar nicht so schwer. Dennoch erleben
manche diesen Zustand als irritierend. Über die Bedeutung der
Gefühle für die berufliche Neuorientierung und wie Sie konstruktiv mit Ihren gefühlsmäßigen Reaktionen umgehen können, handelt daher der nächste Abschnitt.

2.10 Gefühle entscheiden

Einige von Ihnen wundern sich, andere sind vielleicht sogar ungeduldig, dass ich immer wieder auf Emotionen und Gefühle Bezug nehme. Schließlich sind Sie alle intelligente Leser, und man
muss Ihnen normalerweise nicht etwas mehrmals erzählen. Nur,
mit den Emotionen hat es einiges Besonderes auf sich:

Gefühle sind handlungsanleitend, sie haben häufig einen größeren Einfluss, als manche meinen. Vieles ist nicht so, wie es
uns manchmal auf den ersten Blick zu sein scheint.

Man könnte sagen, sie wirken sowohl als **Indikatoren**, **Motivatoren**
wie als **Bremser** und bestimmen damit wesentlich den Verlauf

des Veränderungsprozesses. Daher halte ich es für erforderlich, dem Thema Raum zu geben, und empfehle Ihnen, dass auch Sie der Wichtigkeit und der Art Ihrer Emotionen Aufmerksamkeit schenken.

An dieser Stelle möchte ich Ihnen psychologisches Grundwissen an die Hand geben, das für einige von Ihnen vielleicht „Emotionen" unter einen neuen Blick stellt. Es geht um einige wenige grundlegende Informationen, deren Kenntnis für Ihren beruflichen Veränderungsprozess bedeutsam sein kann, da Sie eigenes oder fremdes Verhalten besser einordnen können.

Was sind Gefühle?

Wir alle kennen ganz selbstverständlich Gefühle: Hass, Liebe, Furcht, Eifersucht, Schüchternheit ... Nur, was sind Gefühle eigentlich genau? Das weiß niemand so richtig. Eine einheitliche Antwort im Sinne von **einer** Theorie gibt es nicht. Bei Gefühlen handelt sich um ein zutiefst subjektives Erleben, es sind die subjektivsten psychischen Erscheinungen überhaupt. Vielleicht werden Sie jetzt sagen: „Aber ich merke sie doch", was mit anderen Worten bedeutet, die Gefühle sind immerhin der Introspektion (Eigenwahrnehmung) zugänglich. Die Antwort darauf lautet „ja" und „nein".

Stellen Sie sich folgende Situation vor. Sie haben einen Kollegen. Immer wenn der Typ den Mund auch nur aufmacht, könnten Sie schon an die Decke gehen. Er macht Sie rasend. Da Sie schon einige Erfahrung mit sich haben, entwickeln Sie die Vermutung, Ihre Reaktion könne etwas mit Ihrem Vater zu tun haben. Diese Art Wut haben Sie auch auf ihn gehabt. Sie betrachten Ihren Kollegen daraufhin einmal näher. Und richtig, er hält die Zigarette so wie Ihr Vater, und er verzieht die Mundwinkel genauso. Das hat Ihr Vater immer getan, wenn er Sie als Kind kritisierte. Sie geben Ihrem Kollegen eine Chance. Dadurch können Sie feststellen, dass er nicht wie Ihr Vater ist.

Dieses bewusst plakativ gewählte Beispiel zeigt, unsere gefühlsmäßige Wahrnehmung kann uns täuschen. Wenn wir uns gut kennen, unsere gefühlsmäßigen Reaktionen hinterfragen und einordnen können, dann können Gefühle für unsere Handlungen eine gute Leitlinie sein. Ansonsten besteht die Gefahr, dass Gefühle manchmal ausschließlich handlungsleitend sind: Ich spüre eine Wut auf den anderen und reagiere unreflektiert darauf.

Gefühle können beschrieben werden. Aufgrund der Komplexität ist das Herangehen der Psychologie noch weitgehend deskriptiv. Übereinstimmend geht man davon aus, dass Gefühle auf
- biologischen Vorgänge
- kognitiven Überlegungen
- gelerntem Verhalten
- situativen Bedingungen

beruhen.

Es handelt sich um ein Wechselspiel. Über die Art des Wechselspiels herrschen unterschiedliche Auffassungen. Wir können davon ausgehen, dass unsere Gefühle immer eine Erregungsgrundlage (wir sind aufgeregt) haben, sie besitzen Valenzen (Zuschreibungen), sie sind mit Vorstellungen (Eindrücken, Erinnerungen) bewusst oder unbewusst verbunden und werden unterschiedlich intensiv erlebt. Auf die gleiche Auslösesituation können wir verschieden reagieren.

Fazit:
Gefühle entstehen im Zusammenspiel von körperlichen Funktionen, Gedanken, Überzeugungen, Erfahrungen, Bewertungen, gelernten Mustern und den jeweiligen situativen Bedingungen.

Allein die Aufzählung, welche Einflüsse an der Entstehung von Emotionen beteiligt sind, weist auf mögliche Wahrnehmungsverzerrungen hin. Auf dem Hintergrund gemachter Erfahrungen und Bewertungen aus der Vergangenheit nehmen wir die aktuelle Situation wahr. Wir spüren und merken zwar Gefühle, nur welche? Nicht immer entsprechen unsere gefühlsmäßigen Wahrnehmungen den eigentlichen Gefühlen.

So können wir uns unserer Gefühle nicht mehr so sicher sein, wenn wir gelernt haben, dass das, was wir wünschen, böse oder schlecht ist. Ein Kind, das nascht und dafür bestraft wird, kann sich dennoch freuen, ein anderes reagiert mit schlechtem Gewissen (Scham) und das Dritte sogar mit Ekel auf Süßigkeiten. Die unterschiedlichen Verarbeitungen werden zum Teil generalisiert. Die lustbetonten Gefühle, die mit Süßigkeit verbunden sind, können mit Strafe gekoppelt sein und werden dann innerlich als gefährlich oder verboten erlebt. Bekannt ist auch folgendes Phänomen: Sexuelle Wünsche sind da, aber eigentlich sind sie verboten und werden daher innerpsychisch abgewehrt. Subjektiv wird die Erregung dann als Angst oder Aggression erlebt. Das grundlegende Bedürfnis nach Sexualität, Zärtlichkeit usw. wird gar nicht mehr wahrgenommen. In umgekehrter Richtung gilt Vergleichbares. Jemand wird über X wütend. Er hat (meist in der Kindheit) gelernt, Aggression sei etwas Verbotenes, Vernichtendes. Dann kann das subjektive Gefühl beispielsweise Schüchternheit, Gleichgültigkeit, sogar Zuneigung sein. Vereinfacht gesagt, das zugrunde liegende Gefühl wird vom Individuum als so gefährlich wahrgenommen, dass es zunächst gar nicht (mehr) dem Bewusstsein zugänglich ist. Es wird abgespalten.

Fazit:
Gefühle unterliegen der eigenen Deutung und Interpretation.

Die Deutungen und Interpretationen sind beeinflusst vom gesellschaftlichen Kontext, in dem wir leben. Im Laufe der Zeit finden in der Gesellschaft Neubewertungen statt. Vor einigen Jahren war es vielen Betroffenen in unserem Land peinlich, wenn es zu einer Scheidung kam. Für die Geburt eines unehelichen Kindes haben sich viele Frauen geschämt. Das Umfeld hat emotional mit Abwehr, Verachtung, Rache oder Bestrafung geantwortet. Heute ist die Zweitehe im Trend, und außereheliche Geburten üblich. Entsprechend anders sind die damit verbundenen Gefühle.

Fazit:
Abhängig vom gesellschaftlichen Kontexten bzw. von Neubewertungen können Gefühle sich wandeln.

Am Beispiel des Naschens wird deutlich, dass eine Situation unterschiedliche Gefühle erzeugen kann, und zwar gleichzeitig. Glück: Ich esse die Schokolade. Angst: Ich werde vielleicht dafür bestraft. Je nachdem, was im Vordergrund steht, fühlen wir uns eher glücklich oder ängstlich.

Fazit:
Gefühle können ambivalent sein.

Wichtig für unseren Kontext ist noch die Tatsache, dass Gefühle nicht nur von äußeren Bedingungen, sondern auch aus uns heraus evoziert (hervorgerufen) werden können. Menschen haben die Fähigkeit, allein schon aufgrund von einer Vorstellung emotional alle physiologischen Reaktionen zu zeigen.

Versuchen Sie sich vorzustellen, eine saure Zitrone zu lutschen. Beobachten Sie Ihre Reaktionen.

Vergleichbares können Sie auch mit anderen Bildern erreichen. Das Phänomen kennen Sie vermutlich. Im sexuellen Kontext reicht häufig schon die Phantasie, oder? Die Ausprägungen sind je nach emotionaler Qualität unterschiedlich. Aus einer vorgestellten Realität wird dann durch die erzeugten und erlebten Gefühlsqualitäten plötzlich die Realität.

Fazit:
Gefühle können ergo allein durch gedankliche Vorstellungen produziert bzw. provoziert werden.

Bereits stammesgeschichtlich gesehen, haben Menschen auf Neues, Fremdes, das sich ihnen näherte oder dem sie sich näherten, mit Aufregung reagiert. Aufmerksamkeit dem Unbekannten gegenüber war überlebensnotwendig. Je nach Vorerfahrung ging man ängstlich oder eher neugierig darauf zu. Das trifft auf uns immer noch zu. Je nach Erfahrungen sind wir Veränderungen gegenüber eher aufgeschlossen oder eher vorsichtig, bis hin zu Abwehr von Fremdem. Das ist unser gutes Recht. Ein gebranntes Kind scheut schließlich das Feuer.

Wir sollten bedenken, dass durch eine Erwartungshaltung Gefühle produziert werden können. Besonders bekannt ist in diesem Zusammenhang die **Erwartungsangst.** Damit ist die Angst vor einem möglichen Ereignis oder dem negativ bewerteten Ausgang eines Ereignisses gemeint. (Ein Begriff, der im Zusammenhang mit Aktienbörsen mittlerweile gerne verwendet wird.)

Hier entsteht das Gefühl **vor** dem Eintritt des Ereignisses. Viele Untersuchungen belegen zusätzlich, dass eine negative Grundeinstellung im Sinne einer Erwartungshaltung „Das wird schlimm, ich kann es nicht, das ist nicht überblickbar usw." bedauerlicherweise wirklich eher zu negativen Ergebnissen führt. Man spricht von Selffulfilling Prophecy (selbst erfüllender Prophezeiung). Wohingegen umgekehrt positiv gefärbte Erwartungen uns ermutigen, uns dem Neuen zu stellen und es zu meistern.

Fazit:
Erwartungen prägen unsere Gefühle. Gefühle steuern unser Handeln.

Wer isst gerne etwas, was ihm nicht schmeckt? Wer übernimmt freiwillig eine Aufgabe, der er sich nicht gewachsen fühlt? Wer kündigt den ungeliebten Job, wenn er davon ausgeht, ich finde nie mehr einen neuen? Wenn es geht, werden wir versuchen, eine Situation, die uns Angst macht und unser Selbstwertgefühl in Frage stellt, zu vermeiden. Wie entscheiden Sie sich, wenn Sie sich trotz vieler Gesprächsversuche mit Ihrem Partner langweilen? Die Entscheidung wird unterschiedlich ausfallen, je nach Loyalitäten, Angst oder Zutrauen in die eigene Zukunft.

So bedauerlich es für den einen oder anderen unter Ihnen klingen mag, nicht die Ratio bestimmt überwiegend Ihr Verhalten, sondern die Gefühle. Gefühle wiederum unterliegen den unterschiedlichen Einflüssen.

Manche dieser Einflüsse kennen Sie vielleicht (noch) nicht, andere wie Ihr Selbstwertgefühl, das Verhältnis zu Familie und Freunden, Ihre Grundstimmung (eher ängstlich oder eher positiv) kennen Sie. Wieder andere können Sie kennen lernen. Ich denke da insbesondere an Gedanken, mit denen Sie eventuell eine Gefühlswelt erzeugen, die Sie einschränkt. Ausgehend von diesen beschriebenen Zusammenhängen gilt folgerichtig:

Ihr Prozess der beruflichen Neuorientierung wird maßgeblich von Gefühlen begleitet und kann dadurch positiv oder negativ bestimmt werden. Auf Veränderungsprozesse reagieren viele Menschen verstärkt gefühlsmäßig. Gewohnheiten werden gestört und zerstört, so dass notwendigerweise oft (emotionale) Verwirrung die Folge ist.

Erst recht trifft das zu, wenn es sich um so etwas Zentrales wie die Veränderung der beruflichen Identität handelt. Dies ruft diverse Gefühle hervor, je nach Person und Erfahrung, und zwar in unterschiedlichem Ausmaß und unterschiedlicher Intensität.

Unabhängig davon, ob Sie Ihre Gefühle verstärkt spüren oder nicht, möchte ich Sie einladen, sich Ihre Gefühle zunutze zu machen. Wenn Sie Emotionen einordnen können, haben Sie ein effizientes „Handwerkszeug", um Ihre **Gefühle als Wegweiser bzw. als Motivatoren** zu nutzen und zu benutzen. Dann können Sie sich durch Ihre Gefühle beispielsweise schützen sowie beflügeln lassen. Sie können sich aber ebenso durch Gefühle behindern lassen. Neues werden Sie im letzteren Fall nicht versuchen, denn unbekannte Schritte werden aufgehalten.

Für einen produktiven Umgang mit Gefühlen sollten Sie versuchen, folgende Haltungen einzunehmen:

- Gefühle ernst zu nehmen
- vor Gefühlen nicht wegzulaufen
- sich nicht von Gefühlen überfluten zu lassen
- zu unterscheiden, worauf reagiere ich mit meinen Gefühlen, auf Realität oder auf Gedanken über die Realität?

Sie erhalten im Folgenden Anregungen, wie Sie diese Methode umsetzen können, und Informationen, welche emotionalen Reaktionen häufig auftreten und was Sie erwarten dürfen. Darüber hinaus gebe ich Ihnen eine Anleitung, Gefühle, die Sie warnen, daraufhin zu überprüfen, ob es vermutlich gut ist, sich nach den Ängsten zu richten – weil Vorsicht angebracht ist –, oder ob Sie sich selbst mit ihren Gefühlen unbeabsichtigt austricksen. Sie erinnern sich, nicht alles, was wir fühlen, sind spontane, zuverlässige innere Antworten. Es ist wie mit den „inneren Stimmen". Da glauben wir, es seien unsere eigenen Meinungen oder Einsichten, stattdessen haben wir sie übernommen oder gelernt. Analog können Sie sich das mit den Gefühlen vorstellen. Auch hier wirken beispielsweise gelernte Überzeugungen, bzw. Erfahrungen, die wir als Kinder gemacht haben, werden auf das Erwachsenenleben übertragen.

Gefühle als Indikatoren

Sollten Sie sich bereits in der Neuorientierung befinden, so haben Sie vermutlich wahrgenommen, dass Ihre emotionale Befindlichkeit wechseln kann. Sie befassen sich über längere Zeiträume mit gleichen oder ähnlichen Themen. Vielleicht geht es um Ihr Selbstwertgefühl, vielleicht interessiert Sie ein Thema wie Politik, Sprachen, Marketing usw. immer wieder. Vielleicht merken Sie aber auch gerade, wie sehr Sie durch Regeln geleitet sind, wie Ihre Ängstlichkeit oder Ihr Leistungsdruck sich immer wieder melden. Mit anderen Worten, Themen, seien sie inhaltlicher Natur oder persönlicher Art, beginnen sich herauszukristallisieren. Sie beschäftigen sich damit und Sie spüren (sich) eventuell vermehrt.

Themen kristallisieren sich heraus

Manches ist Ihnen bekannt, anderes neu. Manches wird Ihnen mehr, anderes weniger gefallen. Wiederholungen sind normal. Sie müssen nicht ungeduldig mit sich werden. Denn: Sie brauchen

Ihre Zeit, um neue Gedanken bezogen auf sich, Veränderung der Selbsteinschätzung u.Ä. zuzulassen und schließlich in Ihr Leben zu integrieren. Immerhin besitzen Sie plausible Hinweise, was für Sie relevant sein könnte. Das gilt sowohl für Aspekte, die Ihrer Entwicklung entgegenstehen, wie auch für solche, die Sie fördern. Die Beschäftigung damit kann und wird unterschiedliche Gefühle und Gefühlsqualitäten in Ihnen auslösen.

Emotionales Hin und Her Vielleicht sind Sie an einem Tag (oder an mehreren) hoffnungsfroh, gar euphorisch: Alles klappt, die Welt meint es gut mit Ihnen. Im Gegensatz dazu sehen Sie zu einem anderen Zeitpunkt das ganze Unterfangen eher skeptisch, sind schlecht gelaunt und sogar niedergeschlagen. Auslöser für die Stimmungsveränderung können Gedanken, aber auch akute Anlässe sein wie: Sie konnten Ihren Plan nicht umsetzen, waren zu langsam, jemand anders hat Ihr Anliegen abgelehnt etc. Dieses emotionale Hin- und Herpendeln ist nicht ungewöhnlich. Wie jeder andere Mensch brauchen Sie Zeit und Raum, um sich neu zu orientieren. Es handelt sich dabei um eine Notwendigkeit. Viele meiner Klienten sind wie Elke immer wieder unter Druck gekommen bzw. haben sich unter Druck gesetzt. Sehr direkt konnte ich spüren, wie hilfreich und entlastend es war, wenn ihnen bewusst wurde, ihre Gefühle sind **normal**. Daher noch einmal:

> Die Prozesse, die durch eine berufliche Neuorientierung ausgelöst werden, werden oft (auch) als verunsichernd erlebt, und das sind sie auch. Veränderung bedeutet, sich mit Neuem auseinander zu setzen, und das kann durchaus Angst und Aufregung auslösen. Emotionale Berg-und-Tal-Fahrten sind daher an der Tagesordnung.

Dieser Zustand geht vorüber. Später, wenn der Prozess abgeschlossen ist, dann wird es sein wie in dem Abschnitt „Zurück bleibt nur ein kognitiver Eindruck" geschildert. Die Aufregung, die Zweifel werden nur noch Erinnerung sein.

Herausforderung: Verunsicherung

Verunsicherung zulassen Sie verbringen vermutlich mehr Zeit als früher, sich bewusst mit sich selbst und Ihrer Umwelt zu beschäftigen und sich dazu in Beziehung zu setzen. Neue Erfahrungen, die Sie machen, erleben Sie als aufregend und anstrengend. Sicher Geglaubtes erweist sich als nicht mehr so sicher. Mehr noch, eine große Herausforderung besteht gerade darin, eben diese **Verunsicherung zuzulassen.**

Bedenken Sie, Sie kommen aus dem alten Berufsfeld, sind im Noch-nicht-Berufsfeld und wollen in ein neues Berufsfeld. Sie befinden sich in einem Zwischenzustand, quasi in einem Niemandsland. Dieser Zustand ist nicht immer angenehm und kann durchaus Angst machen. Das ist normal.

Sie erleben Empfindungen, die im Prinzip jeden Veränderungsprozess begleiten.

Vielleicht zählen Sie zu denjenigen, die deutlich merken, dass sie empfindlicher werden, da dieser psychische Prozess uns berührbarer und sensibler macht. Klienten schilderten mir, dass sie sich so intensiv freuen konnten wie nie zuvor. Andere berichteten, dass ihnen plötzlich die Tränen die Wangen herunterliefen ohne ersichtlichen Grund. Etwas hatte sie emotional tief angesprochen. Das gilt als typisch für Umbruchprozesse. Wenn wir die Chance ergreifen, eröffnen wir uns den Zugang zu uns selber und zu unseren Sehnsüchten. Aus diesem Grund empfinden wir mehr. Wenn Sie das feststellen, ist dies ein gutes Zeichen: Sie beginnen sich zu öffnen.

Verstärkte Emotionalität

„Sie haben gut reden", möchte der eine oder andere von Ihnen sicherlich gerne sagen, wenn zwischendurch Ängstlichkeit oder Ungeduld in Verbindung mit dem Gefühl, auf der Stelle zu treten, sich breit macht. „Mir rennt die Zeit davon." „Ich lass' mich auf etwas ein – ohne Garantie. Wie kann man nur so etwas tun!?" Die Gedanken können sich bis hin zu Verelendungsphantasien steigern.

Hier gilt ebenfalls: Sie sind nicht der Einzige, der sich solche Sorgen macht, weil er sich ohne Garantie auf den Weg macht. Überlegen Sie, eine Sicherheit kann man sich wünschen. Es kann Sie nicht wirklich geben, denn Sicherheit ist immer nur Fiktion. Gewohnheit gibt uns vielfach die Illusion der Sicherheit. Wenn die Gewohnheit einen jedoch nicht mehr nährt, gehen die Starken (wie schon immer) hinaus in die Welt und schauen sich nach Nahrung um. Doch: **Ohne Risiko gibt es nichts.** Meistens stellt sich im Gegensatz zu den Auswanderungen unserer Vorfahren heraus, dass unsere Risiken mehr gedachte als reale sind.

Sicherheit ist Illusion oder gedachte Risiken

Umgang mit Verunsicherung

Das Appellieren an den Verstand hilft wenig, wenn wir uns so elendig fühlen, wenn die Angst uns überflutet, wenn wir nicht mehr schlafen können und wir uns im Extremfall „unter den Brücken schlafen" sehen.

Für den Umgang mit einer derartigen gedanklichen Realität schlage ich Ihnen vor, Folgendes zu versuchen. Sollten Sie eine Person Ihres Vertrauens haben, dann ist es sinnvoll, diese um Unterstützung zu bitten. Ansonsten geht es auch alleine. Sie brauchen Papier und Stift.

Zuerst phantasieren Sie detailliert anhand der folgenden oder ähnlicher Fragen, wie der befürchtete Abstieg aussehen wird. Nehmen Sie sich ernst. Alle Gedanken, die auftauchen, sind erlaubt:

Checkliste 8: Wie kann ich konstruktiv mit meiner Angst umgehen? Teil I

Was ist das Schlimmste, was passieren kann?

Was muss passieren, damit ich scheitere?

Wie sieht das Scheitern aus?

Werde ich „auf der Straße landen"?

Wie sehen meine diesbezüglichen Ängste aus?

Wie tief kann bzw. werde ich fallen?

Ihre Vorstellung halten Sie schriftlich fest bzw. lassen Sie festhalten. Bei der letzten Frage empfiehlt es sich, zusätzlich eine
Skala von eins bis zehn zu verwenden. Genauso veranschauli-
chend ist die Eintragung auf einer Parabel (U-Kurve). Ihren jetzigen Standort sollten Sie ebenfalls eintragen.

**Im zweiten Teil der Übung nehmen Sie anhand der unten stehenden
Fragen eine Bewertung und Einordnung Ihrer Vorstellung vor:**

Checkliste 8: Wie kann ich konstruktiv mit meiner Angst umgehen? Teil II

Wie realistisch sind meine Vorstellungen?

Wen kann ich um Hilfe bitten?

Wie sehen meine Ressourcen aus (Freunde, Familie, Ersparnisse, frühere Erfahrungen …)?

Mit welchen Fähigkeiten kann ich Geld verdienen?

Gibt es eine Art Notreißleine? Wie sieht diese aus?

Wann werde ich sie ziehen?

Woran merke ich, dass ich etwas verändern muss?

Wie schaffe ich es, mich in Angst zu versetzen?

Was denke ich in solchen Situationen? Kenne ich solche Gedanken von anderen Gelegenheiten?

Im ersten Teil haben Sie Ihre „Verelendungsphantasie" durchgespielt. Eventuell sind geheime Ängste zu Tage getreten. Sie haben jetzt Ihr *Worst-Case-Szenario* durchdacht und wissen relativ genau, was Ihnen Angst macht. Im Teil II haben Sie Ihre eigenen Befürchtungen bewertet und mögliche Handlungsalternativen gedanklich durchgespielt.

Wann immer Ihre Sorge Sie beschäftigt, besitzen Sie nun die schriftlich fixierte Betrachtung Ihrer Situation, einschließlich der Gefahreneinschätzung und Ihrer Ressourcen. Sie können sich Ihr selbst erarbeitetes Szenario dann vor Augen halten und zwischen berechtigten und „hausgemachten" Sorgen besser unterscheiden. Es kann zusätzlich unterstützend sein, den Abschnitt *Blockaden und Fallen* (vgl. S. 64) erneut zu lesen.

Das eben beschriebene Vorgehen kann natürlich in anderen Situationen ebenfalls angepasst angewandt werden. Wenn Sie glauben, dass Sie sich z.B. dem Treffen mit einem wichtigen Menschen oder dem Halten eines wichtigen Vortrags nicht gewachsen sehen, wenn Gedanken kreisen, mit anderen Worten: Wenn wir den Überblick verlieren bzw. immer mehr des Gleichen machen, kann es sich als erfolgreich erweisen, genau zu phantasieren, was geschehen könnte und welche Alternativen Ihnen zur Verfügung stehen. Manchmal erweist sich das Herangehen auch als vorteilhaft für wichtige Aktivitäten, die positiv besetzt sind. Sie können sich darüber mehr Sicherheit verschaffen.

Anwendung in Übertragung auf andere Situationen

Angst entsteht im Kopf

Auf die Wahrnehmung einer konkreten Gefahr hin reagieren wir automatisch physiologisch mit Erregung. Wenn jemand mit gezücktem Messer auf uns losgeht, ist Furcht in der Regel das Alarmsignal, dass uns in die Lage versetzt, zu kämpfen oder zu flüchten. In dem Fall ist es klug, Furcht zu haben, denn es geht um unser Überleben.

„Kopfkino"

Angst hingegen entsteht in unserem Kopf. Wir *machen* unser „Kopfkino" selbst.

Selbst wenn wir unsere Angst deutlich spüren, schwitzige Hände haben, kaum Luft bekommen, zittern usw., entstehen diese körperlichen Reaktionen aufgrund unserer Gedanken. Es ist wie mit der Zitrone, Sie erinnern sich?

Wenn Sie sich ängstlich fühlen, dann überprüfen Sie: Wovor habe ich genau Angst? Was sind Gedankenspiele und was ist ganz real da? Nur wenn wir wissen, wovor wir Angst haben und worauf sie sich begründet, können wir auf uns Acht geben.

Das beschriebene Phänomen lässt sich auf alle anderen Gefühle übertragen. Wir können – wie bereits beschrieben – allein durch gedankliches Durchspielen von Situationen alle Gefühle spüren. Dabei reduzieren wir andere eventuell Beteiligte auf die Ebene von Statisten. Die anderen haben nämlich keine Ahnung von Ihren so erzeugten Gefühlen. Immer wenn Sie merken, dass Sie sich gefühlsmäßig in etwas hineinsteigern könnten, empfehle ich eine genaue Unterscheidung vorzunehmen:

Was ist Realität, was ist vermutete Realität und was können Sie einfach nicht wissen?

Steuern von Gedanken

Das Denken beeinflussen

Vielleicht leiden Sie mehr oder weniger heftig unter diesen Stimmungsschwankungen. Ich versichere Ihnen, das gehört wirklich alles zu Ihrem Veränderungsprozess dazu, damit eine neue berufliche Identität entsteht. Manchmal steht die Sorge im Vordergrund: Was wird werden? Das ist eine Überlegung, die ganz berechtigt ist, denn wir wissen es zu diesem Zeitpunkt noch nicht. Manchmal sehen wir eher die kleineren oder größeren Erfolge, dann treten die Sorge oder ängstliche Gedanken bezogen auf die Zukunft in den Hintergrund. Sie haben jedoch Einfluss auf Ihr Denken und können sich Boden holen, indem Sie auf Ihre jeweiligen Gedanken achten. Nach kurzem Training wird es Ihnen leicht fallen, diese zu überprüfen. Sie kennen doch die Metapher „Das Glas ist halb voll, das Glas ist halb leer". Beides stimmt. Der Blickwinkel bestimmt die Wahrnehmung und damit die emotionale Befindlichkeit.

Wenn Sie durch Ihre Gefühle blockiert sind, dann können Sie sich helfen, indem Sie genau wahrnehmen, was Sie fühlen: körperlich wie emotional. Dadurch können Sie Ihre Gefühlslage besser einordnen.

Checkliste 9: Wie nehme ich Einfluss auf meine Gedanken?

Was ist mein akutes Gefühl?

Was für Gedanken habe ich?

Was ist jetzt real (vorhanden)?
(Hinweis: Was davon kann ich jetzt sehen, hören, fühlen, schmecken, tasten?)

Welche Gedanken beziehen sich auf die Zukunft?

Was von dem, was ich jetzt oder in der Zukunft erwarte, ist sicher?

Was von dem, was ich jetzt oder in der Zukunft erwarte, glaube ich?

Was von dem, was ich jetzt oder in der Zukunft erwarte, weiß ich nicht?

Hat diese Betrachtung Einfluss auf meine Gefühle?

Was nehme ich jetzt im Augenblick wahr?

Die Liste soll Ihnen als Anregung dienen. Sie können erste Gedanken in die obige Liste eintragen, wenn Sie z.B. unterwegs sind. Ansonsten brauchen Sie in der Regel mehr Platz für Ihre Eintragungen. Nehmen Sie sich Zeit und beschreiben Sie genau. Das Aufschreiben hilft Ihnen, den Gedankenfluss zu strukturieren. Darüber hinaus können Sie so Ihre Wahrnehmung zusätzlich schärfen.

Gefühle als Motivatoren

Fördernde Gefühle

Natürlich kennen wir nicht nur behindernde, sondern auch fördernde Gefühle und Erfahrungen. Sie sind mit Freude, Spaß, Erfolg, Herausfindenwollen, Sich-messen-Wollen, Lob, Glück, Tüfteln u.v.m. verbunden.

Denken Sie nach, wann fühlen oder fühlten Sie sich das letzte mal richtig gut? Wo und durch welche Fertigkeiten waren Sie für sich erfolgreich, haben sich an Ihrem Können, an Ihren Fähigkeiten gefreut – waren eventuell sogar stolz? Dabei ist es unerheblich, aus welchem Bereich die Erfahrungen stammen. Sie kennen sicherlich, wie es ist, wenn Sie eine Süßigkeit, die Sie an Ihre Kindheit erinnert, unerwartet im Mund verspüren. Wenn Sie an Ihren ersten schönen Kuss oder ein anderes wichtiges Ereignis erinnert werden, dann sind die damit abgespeicherten Gefühle, manchmal sogar die Gerüche, wieder präsent. **Wir fühlen in solchen Momenten wie damals.** Dieses Phänomen können Sie sich natürlich auch zu Nutze machen.

Auf Erfolg einstimmen

Versuchen Sie sich die Situationen, in denen Sie stolz auf sich waren, sich über Ihre Leistung gefreut haben, in denen Sie auch Schwierigkeiten überstanden haben, vor Ihr inneres Auge zu holen. Versuchen Sie sich zu erinnern, wie das Gefühl war. Sie haben positive Erlebnisse abgespeichert und Sie haben sicherlich erfahren, dass Sie auch kompliziertere und komplexere Situationen und Anforderungen bewältigen konnten. Daran können Sie anknüpfen. Sie schaffen sich damit eine Art Hilfsseil, das Sie unterstützt „dabeizubleiben" – selbst dann, wenn der erste Versuch nicht automatisch zum Treffer führt.

Rufen Sie sich die Erinnerung an positiv bewältigte Aufgaben ins Gedächtnis. Versuchen Sie die damit verbundenen Gefühle wieder zu aktualisieren. Dieser Vorgang wirkt motivierend „dabeizubleiben". Denn wir aktivieren die Erfahrung, dass wir Herausforderungen bewältigen können.

Landkarte

Ängstlichkeit, Sorge u.Ä. werden Sie weiterhin genauso begleiten wie Freude, Aufregung oder Neugier. Beides ist gleichzeitig da. Sie wissen mittlerweile, mal stehen die einen Gefühle im Vordergrund und die anderen im Hintergrund und umgekehrt. Das Wissen darum kann Ihnen in unsicheren Situationen helfen, sie zu bewältigen. Dies ist Teil Ihrer *Landkarte*, die hier vorgestellt wird:

Ich habe die Erfahrung gemacht, dass es für den Erfolg ganz wichtig ist, eine solche *Landkarte* zu haben und immer wieder draufzuschauen. Sonst verläuft man sich. Die Landkarte enthält Informationen über das, was die Betreffenden erwartet, wie über potenzielle Risiken. Welche Erfahrungen wahrscheinlich sind, interessiert genauso, wie welche Nebenwirkungen möglich sind. Jeder weiß zwar, dass es immer noch anders kommen wird als vorgestellt, aber die Grundorientierung ist da, und Sie entwickeln Ihren individuellen Kompass. Dies macht sicherer. Zur Veranschaulichung greife ich gerne auf Bilder zurück. Bei beruflicher Neuorientierung bietet sich für mich das Bild von einer Expedition, einer Entdeckungsreise an. Auf der Landkarte ist das Wichtigste eingezeichnet, es gibt jedoch keine markierten Wege. Expedition bedeutet sich auf eine Reise in ein unerforschtes Land zu begeben. Wir haben uns zwar gut vorbereitet und vieles geplant, wissen aber nicht, was wir alles sehen und erleben werden und was sich uns in den Weg stellen kann. Dazu gehört, sich neu zu erleben, Umwege machen zu müssen, Stimmungsschwankungen ausgesetzt zu sein, alte Erfahrungen einzubringen und neue Techniken entwickeln zu müssen.

Überlegen Sie, welches Symbol, welches Bild Ihre berufliche Neuorientierung repräsentieren kann.

Unterstützung durch Symbole

Das kann eine Bergbesteigung sein, für jemanden anderen ist es die Urbarmachung eines Feldes, ein anderer wiederum findet ein Tier, das sich seinen Weg bahnt, für sich passend. Vielleicht haben Sie Lust, Ihr Bild/Symbol als Bild an die Wand Ihres Zimmers zu hängen oder in der Hosentasche im Portemonnaie bei sich zu tragen. So haben Sie Ihr Ziel und vor allen Dingen die Anforderungen und Ressourcen immer wieder direkt vor Augen.

Typisch für den Prozess ist, dass er sich selten Schritt für Schritt vollzieht. Meist ist der Tritt in den ersten Phasen eher an „Zwei Schritte vor, einer zurück" angelehnt. Diese Erfahrung musste auch Elke machen.

Alte Gefühle holen Elke ein
Es war im Winter. Elke hatte das Gefühl, sie tat und machte, kam aber nicht voran. An einem grauen Januartag war sie mit ihrem Coach verabredet. Sie erzählte nach ihrer Aussage sachlich von ihren Aktivitäten der

vergangenen vier Wochen. Plötzlich konfrontierte er sie damit, das sie wütend sei, wütend darüber, dass die Welt so ungerecht zu ihr sei. Zunächst fand sie, dass dies eine alberne Unterstellung sei. Geradezu kindisch. Wieso sollte sie wütend sein? Sie hatte doch ihren Ausstieg selbst beschlossen. Außerdem konnte sie keinen wirklichen Grund benennen, der es rechtfertigte, „sauer zu sein". Es lag doch alles an ihr. Niemand sonst trug doch die Verantwortung. Der Coach merkte an, dass sie jahrelang hart gearbeitet und sich stark für andere engagiert hätte. Er schloss die Aufzählung mit ungefähr folgenden Worten: „Nun wissen Sie nicht, wie Ihre berufliche Zukunft aussehen soll. Eigentlich haben Sie das Gefühl, die Welt schulde Ihnen etwas." Nach Elkes Schilderung war ihre erste Reaktion zu widersprechen. Nach und nach spürte sie, dass er erneut Recht hatte. Sie war wirklich immer noch heimlich wütend über vieles aus ihrem alten Betätigungsfeld. Gleichzeitig hatte sie (und ihr Umfeld) die Anforderung, sich für die neue berufliche Zukunft anzustrengen. Sie wusste, dass Sie dem Rat des Coachs folgen und ihrer Wut Raum geben musste, um an ihre Energie zu kommen. Sie machte die Erfahrung, dass allein die Tatsache, dass sie sich dieses Gefühl eingestand, ihr die Lähmung nahm. Elke konnte wieder nach vorne blicken.

Diese Begebenheit aus der Geschichte von Elke zeigt, dass auch Sie darauf gefasst sein sollten, dass alte Wut und Kränkungen Sie in allen Phasen einholen können und vermutlich werden, obwohl Sie denken: „Das Erlebnis X ist für mich längst kein Thema mehr."

Offensiver Umgang mit Gefühlen

Mit der Zeit werden Sie dies wahrscheinlich akzeptieren: Unsere Gefühle sind einfach da und wirken, egal ob es passt oder nicht. Ignorieren oder unterdrücken ändert an diesem Tatbestand nichts. Aller psychischer Aufwand, um solche Erinnerungen und Gefühle von sich wegzuhalten, verlängert im Endeffekt den Prozess. Es ist daher vernünftig und klug, sich dem nicht entgegenzustemmen. Wenn sich uns Gefühle erschließen, die uns bisher heimlich geleitet haben, haben wir eine Chance, offensiv mit ihnen umzugehen. Solange in uns Wut, Resignation, Trotz o.a., die wir uns nicht eingestehen, vorhanden sind und aktiv wirken, werden wir immer wieder das Gefühl haben zu stagnieren – wie Elke.

Keine Bewertung von Gefühlen

Sie sollten Ihre Gefühle nicht bewerten. Sie haben ein Recht auf alle Ihre Gefühle, denn was immer Sie fühlen, das ist für den jeweiligen Moment die Art (feindlich, gekränkt, hoffnungsfroh, beleidigt usw.), wie Sie sich zu Ihrer Umwelt in Beziehung setzen. Sicherlich gibt es auch verzerrte Einordnungen. Doch das können

Sie erst klären, wenn Sie Ihre Gefühle überhaupt kennen und zulassen. Wenn dies für Sie schon zur Normalität gehört, dann überschlagen Sie den Text bis zur nächsten Überschrift.

Für die Anderen:
Meine Empfehlung für den gesamten Prozess gilt auch hier: *Gefühlen Ausdruck geben*
Äußern Sie Ihre Gefühle, die Sie erleben, schreiben Sie Ihre Wut oder Ihre Freude beispielsweise auf. Sie erfahren viel über sich, und es wird Ihnen einfacher fallen, mit sich und Ihrer Umwelt umzugehen.

Solche Empfehlungen sind diametral zum Leben vieler Menschen. Sie sind es geübt, Gefühle nicht zu zeigen, negative Gefühle nicht zuzulassen, rational alles im Griff zu haben – insbesondere für viele Männer sind das gelernte und gelebte Selbstverständlichkeiten. Psychologisch gesehen handelt es sich allerdings in weiten Teilen um einen illusorischen Versuch, seine Gefühle zu beherrschen. Kognitiv verstehen die meisten Menschen das schnell, Sie sicherlich auch. Nur, es fällt schwer, dies umzusetzen. Die meisten Menschen brauchen Zeit und müssen erinnert werden, diesen neuen Umgang mit sich und ihren Gefühlen auszuprobieren und einzuüben. Daher erinnere ich in diesem Text in unterschiedlichen Zusammenhängen daran. Manchen Menschen helfen Merkzettel, die sie gut sichtbar in ihrem Umfeld anbringen. So haben Sie die Option bei Bedarf vor Augen.

Es kostet Energie, wenn Sie gegen Ihre Gefühle angehen. Erlauben Sie Ihren Gefühlen, Platz zu nehmen. Nehmen Sie den Einfluss Ihrer unterschiedlichen Gedanken und körperlichen Reaktionen dazu ebenfalls wahr. Nur wenn Sie das zulassen, werden belastende Emotionen erfahrungsgemäß in den Hintergrund treten können. Ihre Energie wird wieder für anderes frei.

Das Leben kommt dazwischen
Auch in einer Umbruchphase kann es Ereignisse geben, die unsere Aufmerksamkeit verlangen, ja uns für längere Zeit anderweitig vereinnahmen können. Sie sind meist nicht planbar und gehören zum Leben. Sie erinnern sich noch an die Figur des Narren, der um die Relativität von Sicherheiten weiß? Wir haben feste Vorstellungen, und dann wird alles (oder einiges) anders. Auch in einer Umbruchphase kann es zu Schwangerschaften, heftigen Verliebtheitszuständen, Krankheiten wie zu Beziehungskrisen und Trennungen kommen. Vielleicht erhält Ihr Partner plötzlich ein Angebot, beruflich nach Amerika zu gehen, und dann – was tun?

Das Leben hat eben Vorrang. Solche Ereignisse stören uns, bringen unsere Pläne durcheinander. Wir können dabeibleiben, sie als störend einordnen und evtl. mit der Welt hadern. Diese Ereignisse stellen sich uns jedoch in den Weg, und wir können die Herausforderung annehmen, uns zu positionieren. Warum also nicht die Chance nutzen und eine Zwischenbilanz ziehen. Was will ich eigentlich? Welche Prioritäten habe ich jetzt in meinem Leben? Wie soll meine Zukunft aussehen? Mit wem will ich mein Leben gestalten? Sie werden vermutlich nicht umhinkommen, sich für die neuen Umstände Zeit zu nehmen. **Auch dies wird Sie voranbringen.** Meine persönliche wie professionelle Erfahrung hat mich gelehrt, dass (auch schmerzhafte) Umwege manchmal Voraussetzung sind, um zum eigenen Ziel zu kommen. Deutlich wird dies allerdings erst im Rückblick.

So leidvoll es ist, gerade Todesfälle oder schwere Erkrankungen können Anlässe darstellen, Bilanz zu ziehen und sich in den Kontext seiner Familie zu stellen. Was ist für mich nachahmenswert? Was behindert mich in meiner Entwicklung? Wer oder was ist mir wichtig? Was möchte ich in meinem Leben? Auf was möchte ich nicht verzichten? Was sollen Menschen einmal über mich sagen? Dies sind beispielhafte Fragen, die auch den hier thematisierten eigenen Prozess weiterbringen. Immer wieder geht es um Ihren Weg, das Erkennen Ihrer Prioritäten, Werte und Möglichkeiten.

Elke blieb während ihrer Neuorientierung von solchen Ereignissen nicht verschont.

Krankheit und Tod

Elkes Mutter war seit Jahren aufgrund eines schweren Herzinfarkts geschwächt und wurde immer hilfloser. Ihr Vater pflegte seine Frau, war jedoch zunehmend überfordert. Professionelle Hilfe konnten sie nicht annehmen. Elke war für beide Ansprechpartner und litt mit ihnen und versuchte ihr Bestes. Sie wohnte jedoch mehrere hundert Kilometer entfernt. Ihre eigenen Aktivitäten traten in den Hintergrund. Im März starb die Mutter. Der Vater brauchte nun sehr viel Aufmerksamkeit. Elke konnte sich auf ihren Entwicklungsprozess nicht mehr gut konzentrieren und hatte zeitweise Schlafstörungen. Sie brauchte einige Zeit, bevor sie akzeptierte, dass sie ihrer Trauer Raum geben musste. Laut Elkes Bewertung hat sie in dieser Zeit viel über ihren Umgang mit Gefühlen gelernt. Sie wollte alles im Griff haben. Loslassen lernen, das stand wohl an, meinte sie hinterher.

Elke war einige Monate nur eingeschränkt fähig, sich auf ihren Entwicklungsprozess einzulassen. Erst als sie ihrer Trauer Raum gab, konnte sie die Gelegenheit nutzen, ihr Verhältnis zu ihrer Mutter neu zu bestimmen. Es ging daraufhin in ihrem gesamten Entwicklungsprozess weiter.

Sollten Sie mit unerwarteten Ereignissen, positv wie negativ, konfrontiert werden, empfehle ich Ihnen, ebenfalls zu überlegen: Was steht an?

2.11 Zusammenfassung: Die ersten Schritte

Was man tun, was man wissen und auf was man sich vorbereiten kann

Begonnen haben wir mit der Beschreibung von Umständen, die zum Ausstieg aus einer Tätigkeit nach einer längeren Berufszeit führen. Es folgte eine Liste möglicher Ressourcen für den anstehenden Prozess, die Sie für sich überprüfen sollten. Die vielen verschiedenen Aufgabenstellungen, denen wir uns in der Öffnungsphase gegenübergestellt sehen, habe ich dargestellt und dazu praktische Anregungen gegeben. Da eine neue berufliche Identität unverzichtbar mit einem persönlichen Entwicklungsprozess verknüpft ist, gibt es keine festen Regeln. Stattdessen ist aufgeführt und begründet, auf welche Eckpunkte Sie zu Beginn achten sollten und wo mögliche Fallen und Blockaden warten. Bei Bedarf wurde zum besseren Verständnis psychologisches Hintergrundwissen eingeführt. Praktische Tipps und Anregungen zum Umgang mit der Verunsicherung, die zu Veränderungsprozessen gehört, ergänzen diesen Teil. **Wann und was** für jeden Einzelnen von Ihnen relevant wird, bleibt notwendigerweise offen.

In der Öffnungsphase werden zentrale Prozesse, die für die Neuorientierung wichtig sind, in Gang gesetzt. Sie werden sich in den weiteren Phasen fortsetzen. Das erklärt die Ausführlichkeit dieses Kapitels. Die Beschreibungen und Informationen über die zugehörigen psychischen Prozesse und der konstruktive Umgang mit eventuellen Schwierigkeiten gelten für die anderen Phasen ebenfalls. In den weiteren Kapiteln wird zwar manches wieder aufgegriffen, doch im Kapitel Öffnungsphase können Sie Grundlegendes immer wieder nachlesen. Die Öffnung muss sowohl kognitiv wie psychisch zugelassen werden, damit die nächste Phase beginnen kann.

Im Weiteren wird modellhaft ein Entwicklungsprozess beschrieben, der wie die meisten Prozesse Zeiten hat, in denen er durch „Zwei Schritte vor, einen zurück" gekennzeichnet zu sein scheint. Plötzlich gibt es einen großen Sprung, anschließend geht es wieder mit kleineren Schritten weiter, zwischendurch haben wir den Eindruck, erneut auf der Stelle zu treten. Wie alle wissen, kommt man aber auch so ans Ziel.

Da Sie auf der Suche nach Ihrem Weg sind, müssen Sie verschiedene Spuren verfolgen. Einige werden im Sande verlaufen, einigen werden Sie länger nachgehen und doch wieder verwerfen. Vielleicht werden Sie diese gemachten Erfahrungen später in einem anderen Zusammenhang wieder aufgreifen. Mit anderen Worten, dieses Hin und Her, dieses scheinbar Ziellose gehört nicht nur zu dem Prozess, sondern ist eine Voraussetzung, damit Ihre Entwicklung stattfinden kann. Ziel bleibt dabei: eine berufliche Identität zu finden, die im Einklang mit Ihren Wünschen, Fähigkeiten und Interessen steht.

3. Suchphase

3.1 Spurensuche

Zur Einordnung: Sie haben sich von Ihrer früheren Tätigkeit verabschiedet und schauen mit einem neuen Blick in die Welt. Ihre Wahrnehmung ist daher weniger zielorientiert und selektiv wie noch vor ein paar Wochen oder Monaten. Auch jetzt wird Sie eventuell Fachliteratur interessieren, so werden Sie jetzt hoffentlich einige Artikel lesen, für die Sie vorher keine Zeit hatten. Die Wirtschaftsseite als ein Beispiel wird Sie weiterhin beschäftigen, nur, es ist nicht mehr so wichtig, wie es Ihrer ehemaligen Firma geht. Stattdessen fasziniert Sie beispielsweise ein kulturpolitischer Artikel weit mehr. Sie haben sich Zeit genommen, zu lesen, zu hören, Gespräche zu führen, Menschen, Gebäude, Plätze, Natur bewusst wahrzunehmen.

Breit gestreute Wahrnehmung

Die Haltung in der Öffnungsphase ist tendenziell absichtslos. Ein mögliches Bild dazu ist das eines Wales, der durch das Meer gleitet. Er nimmt Nahrung auf, indem er sich durchströmen lässt. Was er nicht braucht, scheidet er einfach wieder aus

Tendenziell absichtslose Haltung

Sie haben begonnen, die Welt neu auf sich wirken zu lassen. Andere Eindrücke wurden und werden möglich. Die Fragestellungen „Wie finde ich XY, was hat mir gefallen, wie fühlt sich z.B. Holz an, welche Formen sprechen mich an?" usw. unterstützen diese (neue) Wahrnehmung. Sie setzen sich zu dem, was Sie wahrnehmen, in Beziehung und positionieren sich dazu. Ein solches Herangehen ist unabhängig von Zeit und Ort und erfordert keinen großen Aufwand. Wenn Sie dies über einen längeren Zeitraum machen, werden Sie eine Idee bekommen von dem, was Sie ansprechen könnte bzw. was Ihnen wichtig ist. Vergessen Sie in dieser Zeit nicht, wichtige Erfahrungen in Ihr Buch zu schreiben. Oft wird eine Beobachtung erst beim Nachlesen bedeutsam.

Nun beginnt auch die Zeit, einzelnen Ideen nachzugehen und sich etwas intensiver mit ihnen zu beschäftigen. Sie wissen vermutlich noch nicht, in welche Richtung Sie „gehen" wollen, ob

Ideen nachspüren

Sie die Branche, die Art der Tätigkeit, den Gegenstand der Arbeit oder alles drei wechseln wollen. Noch wissen Sie, wie die Rahmenbedingungen (z.b. abhängig beschäftigt/selbstständig) dazu aussehen werden. Weiterhin gilt: Haben Sie keine Sorge! Es ist alles „im grünen Bereich".

Zugang zu bisher
verschlossenen Feldern

Im Zuge Ihres Prozesses haben Sie sich vielleicht auch schon für Bereiche, die Sie früher für unerreichbar oder uninteressant hielten, interessiert. Zu manchem hatten Sie keinen Zugang, weil es Ihnen verpönt erschien. Sei es, weil es als zu sozial, zu künstlerisch, vielleicht aber auch aus früherer Sicht als nicht „political correct" oder moralisch fraglich galt.

Elkes Ausflug in die Business-Welt

Große Firmen waren Elke auf dem Hintergrund ihrer Werte bis dahin suspekt gewesen. Andererseits hatten sie Organisationen und die Art, wie sie funktionieren, bereits seit Jahren interessiert. Im Rahmen ihres Entwicklungsprozesses hatte Elke die Freiheit gewonnen, sich solche „anderen Ecken der Welt" genauer anzuschauen. Sie nahm daher das Angebot eines Kollegen, ihn zu einem Training mit Führungskräften eines großen Konzerns zu begleiten und ihm zu assistieren, gerne an.

Sie nahm deutlich die Unterschiede zu den Bereichen Gesundheit und Soziales wahr. Das galt auch für die Atmosphäre des Hauses, die durch die Lage wie durch die Architektur an sich bestimmt wurden. Elke hatte schon immer ein besonderes Faible für gute Architektur und ihre Wirkung auf Verhalten von Menschen. Daher kam ihre Aufmerksamkeit dafür.

Die Fortbildungsstätte war landschaftlich eingepasst, die Materialien aufeinander abgestimmt, Holz und Glas bestimmten die Atmosphäre. Die Durchwegung des Hauses war so geplant, dass sich immer wieder Treffpunkte für Begegnungen eröffneten. Sauna, Fitnessraum und Pool harmonisch ins Ganze eingefügt, gehörten selbstverständlich zur Ausstattung. Entsprechend gut war auch die Infrastruktur für Trainings und Meetings. Das Essen war schmackhaft, die Mitarbeiter freundlich. Elke merkte: Ihr gefiel das, was sie sah. Unter solchen Bedingungen wollte sie öfters arbeiten. Sie machte neue Beobachtungen. So stellte sie fest, dass sich Status- und Hierarchieunterschiede offensichtlich nur durch Zimmerlage und -größe widerspiegelten. In dem zweitägigen Seminar gewann sie einen kleinen Einblick in die Kultur eines Großunternehmens und konnte einige Vorurteile revidieren.

Sie merken schon, der Bericht konzentriert sich auf scheinbare Nebensächlichkeiten. Ich habe diese ganz bewusst aufgenommen, um Sie zu ermuntern, in dieser Phase alles aufzuschreiben, was Ihnen auffällt. Ob etwas von Bedeutung ist, stellt sich oft erst später heraus. Es ist nicht zufällig, was wir wahrnehmen und was nicht.

> *Elkes Fazit sah folgendermaßen aus:*
> * *Sie konnte mit diesem Personenkreis arbeiten, die Arbeit hatte ihr Spaß gemacht.*
> * *Gute Arbeitsbedingungen wurden ihr wichtig.*
> * *Was sie gesehen und gehört hatte, bestätigten sie in der Einschätzung, dass Freiraum und Einfluss in einer großen Organisation schwer zu bekommen und der Preis dafür hoch war.*
> * *Werte und Sinn der Tätigkeit spielten – wie erwartet – nur bedingt eine Rolle, obwohl es Führungskräfte gab, denen dies wichtig zu sein schien.*

Protokollieren Sie Ihre Erkundungen, und ziehen Sie Ihre (vorläufigen) Schlussfolgerungen wie Elke. Ziel ist es, durch Positionierung und Differenzierung herauszufinden: Was gefällt und was nicht? Was ist zentral für Sie, was nachrangig? *Protokollieren und bewerten*

Sie haben in dieser Phase die Aufgabe, Bereiche, die für Sie bisher fremd sind, näher anzuschauen. Die Welt hat viele Ecken. Also, wenn Sie Neugier verspüren, ein Feld näher zu betrachten, dann nehmen Sie Kontakt zu Menschen auf, die das Feld kennen oder die zumindest direkt oder indirekt dazu Zugang haben. Das erweist sich in der Regel als gar nicht so schwer.

Checkliste 10: Wie erfahre ich etwas über andere Berufsfelder?

Arbeitet jemand aus meinem Bekanntenkreis in diesem Bereich? Kann ich ihn befragen bzw. um die Herstellung eines Kontaktes bitten?

Kennt einer aus meinem Bekanntenkreis eine Person, die in diesem Bereich tätig ist, und kann diese einen Kontakt herstellen?

Stehen die Firmen bzw. Institutionen im Internet? Was kann ich dem Internetauftritt entnehmen? (Bei Interesse: anrufen und sich Informationsmaterial schicken lassen.)

Was möchte ich wissen/erfahren?

Welcher Ansprechpartner (Mitarbeiter) ist geeignet, meine Fragen zu beantworten? (Anrufen, nachfragen.)

Wer ist zuständig für eine Betriebsführung?

Wo könnte ich hospitieren?

Nach dem ersten Schritt neu entscheiden

Diese Checkliste enthält nur Vorschläge für die ersten Schritte, um sich einer neuen Berufsbranche zu nähern, die Ihre Aufmerksamkeit auf sich zieht. Sie entscheiden jeweils neu, ob Sie es bei der Überlegung belassen, nach dem ersten Kennenlernen aufhören oder weitermachen, d.h. mehr Aufwand hineinstecken, um das Terrain zu erkunden. Ich empfehle Ihnen: Achten Sie auf Ihre Energie, auf Ihr Interesse und wie lange es anhält. Denken Sie an die Bedeutung des Wortes Interesse (dabei sein).

Machen Sie es sich zur Regel, sich Rechenschaft abzulegen: Wann und wo bin ich mit meiner Leidenschaft dabei?

So behalten Sie den Überblick

Je mehr Sie auf Ihre Reaktionen achten, umso feiner und genauer wird Ihre Wahrnehmung für Ihre Wünsche und Bedürfnisse. Dazu gehören physiologische Reaktionen wie z.B. Aufregung in Form von Schweiß, Kribbeln genauso wie emotionale Antworten in Form von Abwehr, Neugier, Langeweile etc. Sie sind Ihr eigenes Messinstrument, das wie jedes andere auch feinjustiert werden muss. Halten Sie Ihre Beobachtungen wiederum in Ihrem Buch fest. Auch hierbei handelt es sich um einen eigenen Lernprozess: Durch verstärkte und genaue Selbstwahrnehmung gewinnen Sie mehr Information für Ihr Handeln.

3.2 Andere fragen – Kontakte knüpfen

Solange wir in Funktionen und Rollen unterwegs sind, erscheint es vielen relativ einfach, auf andere zuzugehen. Wenn wir auf uns allein zurückgeworfen sind, wird es für viele (nicht für alle) dementsprechend schwieriger. Das haben vielleicht einige von Ihnen an sich schon erfahren. Es handelt sich wiederum um eine neue Erfahrung, die neues Lernen erfordert. Gehen Sie auf andere Menschen zu. Sie wollen sich informieren und haben Fragen. Das allein ist für die meisten Ihrer Gesprächspartner Grund genug, Ihnen zu antworten. Manch einer wird sich vermutlich sogar erfreut zeigen, dass Sie sich für ihn und seine Arbeit interessieren.

Eventuelle Hemmungen und Scheu sollten Sie auf keinen Fall davon abhalten, sich mit unbekannten Menschen in Verbindung zu setzen. Vielleicht lesen Sie einen interessanten Zeitungsbericht, vielleicht ein Buch. Sie wollen etwas wissen, Sie haben eine andere Meinung zu einem Thema als der Autor, Berichterstatter etc. Warum also nicht eine E-Mail schicken, in der Sie sich und Ihr Anliegen deutlich machen und so ins Gespräch kommen. Meine Erfahrung ist: Selten wird man zurückgewiesen.

Hartnäckigkeit als Indikator

Manchmal erweist es sich als lohnend, hartnäckig zu sein, vielleicht erhalten Sie beispielsweise eine Weiterempfehlung an einen Kollegen. Hartnäckigkeit in eigener Sache können Sie als relativ sicheres Zeichen für vorhandene Energie einordnen.

Versuch und Irrtum

Sie sind auf dem Weg. Wie Sie wissen, besteht die Herausforderung dieser Phase darin, dass Sie Situationen und Menschen aufsuchen, bei denen Sie ein Interesse spüren. Über Versuch und Irrtum (trial and error) finden Sie heraus, was Sie wirklich anspricht. Gehen Sie davon aus, dass jeder Versuch eine Bereicherung ist. Egal wie das Ergebnis aussieht: Sie wissen hinterher immer mehr, und Ihre persönlichen Kriterien werden immer klarer. In diesem Sinne machte auch Elke ihre Erfahrungen:

Mensch als Marke – eine Spur, die im Sand verlief

Elke hatte einen Bericht über eine Tagung an einer Hochschule zu den Themen Marketing und Werbung gelesen. Ein spezieller Artikel hatte sie besonders angesprochen. Er handelte von einem erfolgreichen Werbemann, der aus der Werbebranche ausgestiegen war, da ihm irgendwann der Sinn in seiner Tätigkeit gefehlt habe. Mittlerweile bot er Trainings für Firmen, Handwerksbetriebe usw. an und vermittelte seine Erfahrung an Studenten. Elke vermutete einen Gleichgesinnten, zumal er zitiert wurde mit Sätzen wie: Niemand solle sich verkaufen, sich an einen Markt anpassen. Sein Herangehen lautete demnach stattdessen: Was kannst du einbringen? Elke wollte mehr über diesen Umsteiger wissen. Zunächst mailte sie eine Zeit lang mit dem Betreffenden und informierte sich im Internet über ihn. Seinen Internetauftritt empfand sie als gekonnt. Elke war insgesamt beeindruckt und neugierig, diesen Mann zu treffen. Sie traf sich mit ihm in einem Café. Er erzählte viel von sich. Ihr fiel auf, dass ihm „name-dropping" offensichtlich wichtig war. Weiter berichtete ihr Gesprächspartner, wie er es schaffte, passend mit den „richtigen" Leuten im Aufzug zu sein, um die Visitenkarten auszutauschen. Dann könnte man sich darauf berufen. „Worauf"(?) war ihr nicht so schlüssig. Bereits während des Gesprächs bemerkte Elke, dass vieles nicht stimmen konnte. Die ausführlichen Erklärungen seines Selbstverständnisses und seines Herangehens bestanden aus vielen Versatzstücken. Zwar klangen sie gut, aber bei näherer Überprüfung hielten sie den erklärten Ansprüchen nicht stand. Er schien daran zu arbeiten, „eine Marke", vielleicht gar ein „Guru" zu werden. Dazu versuchte er, sich unverwechselbar zu machen – und sich wie ein Produkt auf den Markt zu bringen. Der Rest waren wohl Werbeslogans.

Elke schrieb erneut das Erlebte auf. Das Gespräch war durchaus sehr informativ gewesen. Sie hatte festgestellt:

- *Die Selbststilisierung zu einer Marke war ein Weg, wie Menschen ihr Geld verdienten. Dieser entsprach ihr auf keinen Fall.*
- *Sie war ihren eigenen Projektionen (gleichgesinnt, Aussteiger, Werteorientierung) aufgesessen.*
- *Genaues Hinhören bzw. Hinterfragen waren unverzichtbar, um z.B. herauszufinden: Nicht überall sind Werte drin, wo sie vorgegeben werden.*
- *Es fiel ihr leicht, Widersprüche zu erkennen. Sie konnte sich im direkten Umgang auf ihre Menschenkenntnis verlassen.*

Diesen Kontakt legte Elke zu den Akten.

Elkes hier geschilderte Erfahrungen sind eine Aufforderung an Sie, mutig zu sein und sich die Ecken, die Ihnen gefallen, näher anzuschauen. Hören Sie genau hin, fragen Sie genau nach. Nutzen Sie die Chance und schreiben Sie so spontan wie möglich Ihre Beobachtungen auf. Erzählen Sie Menschen, denen Sie vertrauen (gute Ratgeber), von Ihren Beobachtungen. Machen Sie sich bewusst, wie Sie sich in der Situation gefühlt haben.

„Sexy" ist der Augenblick

Wenn Sie Augen und Ohren offen halten, können Sie an vielen Orten interessante Menschen kennen lernen. Ich denke beispielsweise an Zug, Flugzeug, vielleicht auch an Begegnungen im Gartenlokal. Selbstverständlich sind auch Tagungen, Seminare und die sich häufig anschließenden informellen Runden immer wieder eine Möglichkeit für Kontakte.

Aktiv Kontakte knüpfen

Wenn Sie die Bekanntschaft mit einer Person gemacht haben, die Sie für interessant oder wichtig halten (z.B. den/die Redner/in des Abends), dann sorgen Sie dafür, dass Sie den Kontakt erhalten, im Sinne von „Ich melde mich bei Ihnen, ich schicke Ihnen X zu".

Nach meiner Erfahrung ist es wichtig, sich schnell zu melden, denn „sexy" ist der Augenblick. Die Faszination ist oft kurz und kann nur aufrechterhalten werden, wenn möglichst zeitnah ein erneuter Kontakt zustande kommt. Dieser kann durchaus zunächst über Telefon, per E-Mail o.Ä. erfolgen. Fortbildungen und andere themenspezifische Veranstaltungen sind Anlässe für zufällige Bekanntschaften und Möglichkeiten, Menschen mit ähnlichen Interessen zu treffen, ohne dass zunächst eine Verbindlichkeit besteht. Die angenehme Atmosphäre oder Verbindung, die sich einstellen kann, verblasst schnell. So kommt es zu dem Phänomen, dass wir eventuell am gleichen Abend dem anderen noch als Herr oder Frau Müller, mit denen er/sie ein angenehmes Gespräch hatte, im Gedächtnis sind, zwei Wochen später jedoch sind wir irgendein(e) Herr oder Frau Müller, denen man mal begegnet ist. Je beschäftigter und bedeutender der andere ist, umso wahrscheinlicher ist es, dass Sie dann in der Alltagsroutine untergehen. Natürlich kann es sein, dass Sie so beeindruckend waren, dass dies kaum eine Rolle spielt – doch wird das nicht der Regelfall sein.

Den Moment nutzen

Eine solche Konstellation kann für Sie ungewohnt sein, gerade dann, wenn Sie vorher in Ihrem Feld die andere Position innehatten. Also, scheuen Sie sich nicht, relativ schnell einen Kontaktfaden aufzunehmen. Aus Höflichkeit oder aus falsch verstandenem Stolz zu warten, ist erfahrungsgemäß kontraproduktiv.

Eine Volksweisheit sagt: „Schmiede das Eisen, solange es heiß ist." An dieses Motto sollten Sie sich halten. Sie sind in der Suchphase. Wann immer Sie etwas fasziniert, machen Sie sich auf die Suche nach Ansprechpartnern, die mehr davon wissen und Ihnen Auskunft geben können.

Alte Kontakte beleben Weiterhin sollten Sie nicht versäumen, frühere Kontakte, falls Sie die vernachlässigt haben, wieder zu beleben. Suchen Sie die betreffenden Personen wieder auf. Machen Sie sich eine Liste mit Namen von Menschen, zu denen Sie eigentlich mal einen guten Draht hatten und zu denen der Kontaktfaden gerissen ist. Meist kann man ihn wieder knüpfen.

Beziehungspflege für Skeptiker und Schüchterne

Auftreten in eigener Sache **Sie sind wie alle anderen auf der Suche, Sie sind der Fremde, der Neue, der vielleicht für die anderen nicht so wichtig ist.** Auf den entscheidenden Unterschied zwischen dem Agieren aus einer Rolle und Funktion heraus und dem Auf-sich-gestellt-Sein habe ich bereits hingewiesen. Es ist für die meisten Menschen ungewohnt, für sich aufzutreten. Selbst diejenigen, die vorher selbstständig waren, standen für ein bestimmtes Produkt, für eine Dienstleitung oder Vergleichbares. Das können Sie noch nicht vorweisen. Dennoch kommen Sie natürlich nicht umhin, Kontakte zu knüpfen und zu pflegen.

Um Missverständnissen vorzubeugen: Ich will Ihnen nicht raten, aus Berechnung Kontakte aufzubauen. Ich persönlich halte nichts davon, Beziehungen mit Menschen zu unterhalten, die ich eigentlich ablehne, uninteressant finde oder die mich langweilen, nur weil sie eventuell von Nutzen sein könnten. Mit dieser Haltung stehe ich nicht alleine da, und manch einer von Ihnen sieht dies wahrscheinlich auch so.

Für Leser, die der Beziehungspflege skeptisch gegenüberstehen: Beziehungen anzuknüpfen und zu pflegen ist prinzipiell nichts Schlechtes. Niemand verlangt, dass Sie sich verbiegen.

Bei den meisten Menschen kommt schlichte Anbiederung sowieso nicht gut an. Sie wird genutzt, aber der Betreffende nicht geschätzt. Bei einer Neuorientierung brauchen Sie Zugang zu vielen Menschen. Das sollten sie aber beherzigen:

> Sie wissen noch nicht, wer für Sie alles hilfreich sein kann. Versuchen Sie offen und mit Interesse, auf andere Menschen zuzugehen.

Fast alle Menschen können Ihren Blick bereichern, da sie direkt oder indirekt einen anderen Teil der Welt besser kennen als Sie. Ich meine eben **nicht** strategisch geplantes Kennenlernen, sondern Kontakte, die von Interesse und von zufälligen Begegnungen geleitet sind.

Was heißt Kontaktpflege eigentlich?

Alte Volksweisheiten helfen manchmal, den Blick zu weiten. Aus diesem Grunde setze ich sie – wie Ihnen vielleicht schon aufgefallen ist – gerne in meiner Arbeit ein. Eine wichtige, oft und vielseitig anwendbare Redewendung lautet: „Man weiß nie, wofür etwas gut ist." Und richtig, oft haben sich Situationen erst im Nachhinein zusammengefügt. Dies gilt auch für den Aufbau von Beziehungen.

Angenommen Sie lernen jemanden neu kennen und Sie empfinden ihn sogar als einen angenehmen Gesprächspartner. Es stellt sich aber heraus, dass er leider Reiseleiter ist und damit in einer Branche tätig, die Sie eigentlich nicht interessiert. Spätestens an dieser Stelle sollten Sie sich an die besagte Volksweisheit erinnern und den Kontakt nicht einfach versanden lassen, denn: Sie wissen nicht, wie diese Beziehung sich entwickeln kann. Vielleicht ist **der** Ansprechpartner, den Sie brauchen, mit ihm im gleichen Elternverein aktiv? Vielleicht kann er besonders gut Theaterkarten organisieren? Vielleicht ist er ein guter Zuhörer und hat einen ähnlichen Humor wie Sie? … Sicherlich hat der eine oder andere von Ihnen bereits erlebt, dass manche Sekretärin eine der wichtigsten Informationsquellen eines Unternehmens sein kann und ihr Einfluss häufig größer ist, als viele denken.

Elke saß mal wieder in ihrem kleinen italienischen Feinkostlokal und las eine Zeitung. Am Nachbartisch unterhielten sich ein Mann und eine Frau. Elke saß dicht bei und konnte das Gespräch mithören. Sie verstand, dass Beratung das Metier der beiden war. Sie beschloss, sich einzuklinken, ein angenehmer Plausch folgte. In dessen Verlauf stellte sich heraus, dass sie einen gemeinsamen Bekannten hatten, den alle drei schätzten. Nun wurde Elke zur interessanten Gesprächspartnerin.

Elke hatte in diesem Zusammenhang eine typische Erfahrung gemacht. Gemeinsamkeiten, wie die Bekanntschaft von positiv eingeschätzten Dritten, verändern die Gesprächsatmosphäre. (Übrigens, das ist nicht automatisch abhängig von Stellung und Rang.) Ihr Gegenüber wird in der Regel offener mit Ihnen umgehen. Ihnen wird es (noch) einfacher fallen, das Gespräch zu führen. Sie haben dadurch eine Art Eintrittskarte erhalten.

Zur Pflege von Kontakten sei kurz darauf hingewiesen, dass Beziehungen immer aus **Geben und Nehmen** bestehen. Dies ist weder gleichzusetzen mit bezahlen noch mit Kontakten aus Berechnung noch mit Karrieren, die auf Vitamin B(eziehung) basieren (Gefälligkeiten aufgrund von Zugehörigkeit und Insiderwissen). Kontaktpflege, neudeutsch: „Networking", wie ich es hier verstehe, setzt bei normalem kontaktvollem Verhalten an.

Ein guter Kontakt ist nie einseitig, denn dieses System basiert auf dem Grundgedanken: Das Wohl des anderen ist letztendlich auch meines und umgekehrt. Die Idee des „Networking" geht über die Ansammlung von Einzelkontakten hinaus. Wir werden Teil eines Netzwerkes, in dem in der Regel ein fein ausbalanciertes System des Gebens und Nehmens herrscht. Mehrere Menschen gemeinsam verfügen über mehr Ressourcen als ein Einzelner. Jeder bringt seine Fähigkeit und Verbindungen ein, und alle Beteiligten profitieren davon. Anders formuliert: Es handelt sich um Tauschgeschäfte im Rahmen einer Gruppe, einer Subkultur, eines Berufsstandes und so fort. Viele sind Teil verschiedener offizieller und inoffizieller Netzwerke.

Die Basis ist immer „Win-win"

Sie haben vermutlich Ihr Netzwerk. Gehen Sie in Gedanken die Namen der Personen durch, zu denen Sie Kontakt haben. Es erweist sich als ratsam, wieder eine Liste in Ihrem Buch anzulegen. Gehen Sie davon aus, dass Sie grundsätzlich etwas in solche Kreisläufe einzubringen haben. Gestalten Sie Ihre Beziehungen auf der Basis von „Win-win", d.h., jeder profitiert von dem Kontakt. Achten Sie beispielsweise darauf, welche Themen für Ihr jeweiliges Gegenüber interessant sind, welche Hobbys ihn interessieren. Vielleicht fällt Ihnen ein Artikel zu einer bestimmten Problematik in die Hand, vielleicht kommen Sie leicht an Theaterkarten, die jemand anderes dringend sucht usw.

Beziehung hat viel mit „sich auf jemanden beziehen" zu tun. Das bedeutet im eigentlichen Sinne die Anwendung der viel zitierten Soft Skills.

In der Art, wie Sie mit anderen Menschen umgehen, zeigen Sie viel von sich. Andere machen sich ihre Bilder über Sie, wie vertrauenswürdig, zuverlässig, verschwiegen, humorvoll, gebildet, souverän, handfest, strukturiert ... Sie sind. *Authentisch sein*

Aus der Vielzahl der aufgezählten Eigenschaften wird wiederum deutlich, dass es nicht darum gehen kann, es jemandem recht zu machen. Das können Sie gar nicht, denn Sie kennen die Bilder und Kriterien der anderen in der Regel nur unzureichend. Darüber hinaus werden Verhalten und Eindrücke je nach Person und Situation unterschiedlich eingeschätzt. Wenn Sie achtsam mit sich und anderen umgehen, werden Sie auf Personen treffen, die Ihre spezielle Art und Ihre Fähigkeiten zu schätzen wissen. Vielleicht sind es Menschen, mit denen Sie sich zusammenschließen und gemeinsam eine Perspektive entwickeln, vielleicht besteht die Unterstützung darin, Sie an einen Bekannten weiterzuleiten, der wiederum als Türöffner fungiert, vielleicht werden Sie Freunde, vielleicht beschränkt sich der Kontakt auf gelegentliche Telefonate oder auf das Wissen, an welchem Platz jemand agiert. Beziehungen sind also nur bedingt planbar.

Egal wie gut Sie sind, Sie brauchen vermutlich an irgendeinem Punkt Hilfe bzw. jemanden, der bereit ist, Ihre Ideen zu fördern, Sie jemandem vorzustellen, zu empfehlen oder für Sie zu bürgen. Beziehungen aufzubauen und zu pflegen bedeutet, eine Währung, eine Form von anderem Kapital anzusparen, das Sie Ihrem Ziel näher bringen kann. Sie sind eine Möglichkeit, ein nützlicher Teil von einem System zu werden und eine neue Form von Zugehörigkeit aufzubauen. Ihre Neuorientierung gibt Ihnen einen Grund, Menschen aktiv aufzusuchen und neue Kontakte zu schließen. Normalerweise ist dies, wenn man die dreißig oder vierzig überschritten hat, nicht ganz üblich und einfach. Aber: Es kann wirklich Spaß machen! *Beziehungskapital*

Immer wieder wird es Zeiten geben, in denen Sie verunsichert sind, mit sich ungeduldig werden und erleben, dass Sie sich unter Druck fühlen. Das macht keinen Spaß. Dieser Druck wird sowohl von außen an Sie herangetragen („Weißt du immer noch nicht, was du willst?"), er kommt aber auch von innen („Ich müsste doch längst wissen, wo ich hin will!"). *Und wieder: Verunsicherung*

Verzweifelt bemüht man sich um Klarheit und merkt doch, man kann „es" noch nicht fassen. „Es" kann noch keine Gestalt annehmen. Sicherlich besteht die Versuchung, irgendeine

Beschäftigung anzunehmen und irgendetwas zu machen. Dies würde vermutlich eine Unterbrechung des Prozesses bedeuten. Bei einem Entwicklungsprozess entsteht oft der Eindruck, auf der Stelle zu treten. Scheinbar tut sich nichts. Doch dies trifft nicht zu. Es ist bildhaft gesprochen wie mit dem Samen oder einer Blumenzwiebel in der Erde: Man sieht nichts. Aber plötzlich kommt eine zarte, hellgrüne Pflanze aus der Erde, die dann auch bald „blühen" wird, wenn man sie pflegt.

> Die Idee der Rose ist schon da, wenn der Samen für uns unsichtbar im Boden ist und wir verzweifelt nach ihr Ausschau halten.

Zunächst wird jedoch vom „Auf-der-Stelle-Treten", von Bemühungen, sich für eine Richtung zu entscheiden, von neuerlichen Blockaden und möglichen Lösungen die Rede sein.

3.3 Von „Puzzlestücken" und Blockaden

Ein Raum mit vielen Türen

Es war Mai, Elke war ungeduldig mit sich. Ihre Weiterbildung war abgeschlossen. Sie fand, dass sie langsam einen Entschluss fassen müsste, wohin es gehen sollte. Zu ihrer Verzweiflung konnte sie das jedoch nicht. Noch war sie nicht so weit. Auf Anraten ihres Coachs brachte sie ihre Ansprüche, ihre Wünsche an eine neue Arbeitsstelle schriftlich zu Papier. Dabei wurde deutlich, dass sie formulieren konnte, was ihr wichtig war: Die Aufgabe sollte gewollt, die Infrastruktur vernünftig, selbstständiges Arbeiten gegeben und Wertschätzung für sie vorhanden sein. Ihre Tätigkeit sollte mit ihrer Wertorientierung übereinstimmen. Weiterhin wusste sie, dass sie keinesfalls nur in die Fußspuren eines anderen treten wollte.

Diese Aufzählung sagte viel über Elke aus und den Stand ihres Entwicklungsprozesses. Sie war noch auf der Suche und konnte daher nicht konkret werden. Aber sie konnte einen Rahmen angeben und Aussagen machen, was sie nicht wollte. Dies hatte sich bereits herausgeschält.

Es war frustrierend für Elke. Sie musste die Erfahrung machen, dass Unbeteiligte, denen sie das Papier zeigte, nichts damit anfangen konnten, war es doch für Menschen mit Personalerfahrung viel zu unkonkret. „Was wollen Sie? Was kann ich für Sie tun?" Diese Fragen konnte sie nicht beantworten, und andere konnten folgerichtig nichts für sie tun. Bei allem, was konkret wurde, sprach etwas dafür und gleichzeitig dagegen. Die Worte „wenn" und „aber" wurden Elke in diesem Zusammenhang immer vertrauter. Die Vorstellung, dauerhaft selbstständig zu arbeiten, war ihr damals noch unvorstellbar, da hochgradig angstbesetzt.

Zu dem damaligen Zeitpunkt führte Elke gerne Gespräche, freute sich, Menschen kennen zu lernen, an andere weiterempfohlen zu werden und neue Ideen näher zu erkunden. Sobald es jedoch drohte konkret zu werden, „drehte sie bei".

Zuschreibung von relevanten Dritten, dass bestimmte Themen in ihren Lebenslauf gut „passen" würden, sprachen sie an und erschreckten sie gleichzeitig. Ähnlich erging es ihr mit dem Hinweis von Freunden, dass die Bereiche „Arbeitsmarkt" und „Trainings" doch gute Betätigungsfelder für sie böten.

Einerseits wollte sie, dass man ihr sagte, was sie denn machen sollte, andererseits stellten sich die Vorschläge für sie immer als falsch, besser als nicht möglich dar.

Elke wurde immer verzweifelter und schwankte zwischen Resignation und Aktionismus. Dazu kamen Kommentare und Nachfragen aus ihrem Bekanntenkreis, die auf unterschiedliche Aspekte abzielten. Von „Meine Liebe, Sie werden auch nicht jünger" über „Hast du keine Angst, schon mancher hat sich verschätzt" bis hin zu „Du hast es gut", „Wann willst du dich denn endlich entscheiden?" erstreckten sich durchaus wohlmeinende Bemerkungen. Sie trafen auf fruchtbaren Boden, haderte sie doch selbst mit sich. Zwar verteidigte sie sich nach außen hin, anderseits fragten ihre inneren Stimmen besorgt: „Müsstest du nicht langsam wirklich in der Lage sein, dich zu entscheiden?"

Elkes eigener Druck und die Erwartungen anderer, die sie als weiterer Druck wahrnahm, trafen aufeinander. Dieser Fakt wirkt tendenziell potenzierend. Der Betreffende gerät immer mehr in Anspannung. Je nach Person wirkt dies eher lähmend oder führt zu vermehrtem Aktionismus. Gerade hier wird deutlich, wie wichtig es ist, sich mit guten Ratgebern zu umgeben.

Laut Elke war ihr Coach einer der wenigen, der ihr Zuversicht gab. Sein „Sie sind im grünen Bereich" war ein Anker für sie. Sie vertraute ihm. In den Sitzungen spiegelte er, wo sie stand und wo er sie sah. Die Zeiten dazwischen musste sie „sich selbst auch durch Tiefen tragen", wie sie das nannte. Das konnte anstrengend sein. Auch ihr Partner war ihr eine wichtige Stütze, um das Hin-und-her-gerissen-Sein auszuhalten.

Einen Monat später wollte Elke unbedingt ihre Richtung haben. Daher bat sie ihren Coach eindringlich, ihr diese doch zu geben. Er gab ihrem Drängen nach, und sie erarbeiteten mehrere Themenfelder, die in Frage kamen, wie „Stiftungen" und „Arbeitsmarktpolitik". Sie besprachen auch Strategien, wie man es anstellen könne, in einem dieser Felder Fuß zu fassen. Elke besorgte sich einen Überblick über Stiftungen in Berlin, telefonierte und schrieb sie an. Nun hatte sie viel Information – nur, ihre Aktivität erlahmte.

Vergleichbar verhielt es sich mit dem Thema Arbeitsmarkt. Sie arbeitete sich in neue Konzepte ein, las die entsprechenden Papiere, die gerade herausgekommen waren, doch ... es war wie verhext – erneut schwand ihre Energie. Dieses Phänomen wiederholte sich noch mehrmals.

Elke verfolgte ihr Muster, konnte es nicht unterbrechen und befürchtete ernsthaft, „den grünen Bereich" zu verlassen. Sie spürte nur ihre Abwehr, ohne den Ursprung fassen zu können. Es war lähmend, sie brauchte dringend Hilfe, um wieder Spielraum zu gewinnen. Der Coach intervenierte beim folgenden Treffen, als sie erneut einen Vorschlag bzw. ein Angebot nicht annehmen konnte und viele Gründe fand, warum dieser Weg nicht sinnvoll sei.

Der Coach fragte sie nach ihren inneren Bildern zu dieser Situation sowie nach ihren gelernten Überzeugungen (Introjekten). Im Verlauf dieser Sitzung wurde deutlich, dass sie sich nicht entscheiden konnte, weil in ihrer Vorstellung jede Entscheidung falsch sein konnte. Das war fürchterlich, da sie in ihrem System nur einen einzigen Versuch hatte, eine zweite Chance stand ihr nicht zu.

Gebeten, dies in ein Bild umzusetzen, beschrieb Elkes das ungefähr so: Sie war ein kleines Mädchen, das sich in einem runden, steinernen Raum befand, von dem viele Türen abgingen. Das Mädchen wusste nicht, welche die richtige Tür war. Es wusste nur sicher, wenn es eine Türe aufmachte, dann musste es hineingehen. Es gab keinen Weg zurück. Wenn es im falschen Zimmer gelandet war, dann war es quasi gefangen und würde **nie mehr** in den richtigen Raum kommen. Dazu wäre es dann zu spät.

Diese Vorstellung konnte im weiteren Verlauf der Sitzung aufgelöst werden. Dazu gehörte die Offenlegung ihrer Annahmen über sich selbst, ihr Vertrauen und Nichtvertrauen in die Welt, die Erforschung von den Regeln, die dazu führten, ihre Vorstellung, dass sie nur eine Wahl hatte, aufrechtzuerhalten, sowie der Einfluss von Personen, die für sie relevant waren. Nach dieser genauen Erfassung ihrer inneren Welt stellte der Couch mittels Fragen, Schilderungen, Informationen seine Sicht der Welt der ihren gegenüber. Dies ermöglichte ihr einen Außenblick und damit die Überprüfung ihres Systems. Erst dadurch gewann Elke wieder Bewegungsspielraum.

Gefangen in der inneren Wirklichkeit

Ich habe dieses Beispiel gewählt, um deutlich zu machen, wie leicht die innere Realität sich vor die äußere Wirklichkeit stellen kann. Elke war in ihrem System gefangen – und ihr war das trotz all ihrer Ausbildungen und Erfahrungen nicht bewusst.

Auf jeden – selbst auf Experten – trifft zu: Wenn man festgefahren ist, agiert man bewusst und unbewusst in seinem eigenen System, das als „Quasi-Wahrheit" handlungsanleitend wirkt.

Um solche inneren Welten aufzuschließen, reicht es nicht, (ausschließlich) den Verstand anzusprechen, denn es handelt sich nicht um ein verstandesmäßiges Problem. Hätte ihr Berater sie einfach gefragt: „Was vermeiden Sie jetzt?", wäre Elke wortreich in der Lage gewesen, seinen Ansatz als überlegenswert, letztendlich aber als eine Unterstellung zurückzuweisen.

Ohne einen therapeutisch geschulten Coach wäre Elke vermutlich aus ihrem System lange nicht herauskommen. Mehr des Gleichen wäre die uneffektive Folge gewesen. Wenn der Motor unseres Wagens stottert, suchen wir eine Werkstatt auf, und wenn das Bauchgrimmen nicht aufhört, einen Arzt. Wie geschildert, können Sie bei dem Prozess einer beruflichen Umorientierung an Grenzen kommen, die eine Hinzuziehung von professioneller Hilfe zumindest zeitweise nahe legt.   *Professionelle Hilfe*

Das Bild von einem Raum mit vielen Türen ist weit verbreitet. Viele meiner Klienten haben ähnliche Bilder verwendet. Es symbolisiert häufig die Schwierigkeit „auszuwählen". Dies kann in einer Blockierung wie bei Elke (durch Introjekte) begründet sein.   *Auswahlschwierigkeiten*

Manchen Menschen fällt es prinzipiell schwer, sich zu entscheiden. Um welche Art der Blockierung es sich handelt, wie sie zu unterscheiden sind und was Sie tun können, um konstruktiv damit umzugehen, wird Thema der nächsten Abschnitte sein.

Gelerntes anwenden

Die Suchphase wird häufig als besonders schwierig erlebt. Wie am Beispiel von Elke geschildert, stellt sich der Sachverhalt so dar: Sie haben bereits eine Menge gemacht und ausprobiert. Die Zeit läuft. Sie fühlen sich eventuell unter Druck gesetzt. Dennoch – es ist wie verhext –, man kann sich oft über eine längere Zeit hinweg (noch) nicht für eine Richtung entscheiden. Wenn dies auch auf Sie zutrifft, dann möchte ich Sie zunächst erneut beruhigen: **Das ist normal.**

Deswegen fasse ich noch einmal zusammen. Sie sind in der Phase, in der Sie Unterschiedliches ausprobieren, in der Sie noch nicht genau wissen, wohin Ihr Weg gehen soll. Aus diesem Grund begeben Sie sich in unterschiedliche Felder, beschäftigen sich mit verschiedenen Personengruppen, Märkten, Sachproblemen, um durch diese Art von Probehandeln zu erkennen, „was **Ihres** ist". Sie haben bereits Ihre eigenen Messinstrumente zur Verfügung, in dem Sie gelernt haben, Ihre Wahrnehmungen zu schulen und entsprechend darauf einzugehen. Sie merken sicherlich, wann Ihre Energie geweckt ist und wann Ihr Interesse anhält.

Wenn dies der Fall ist, sollten Sie genau diese Spur weiterverfolgen. Der Druck, den wir verspüren, verhindert häufig, dass wir unsere Wahrnehmung auf uns wirken lassen. Wir tendieren dann dazu, mit Aktionismus zu reagieren. „Ich muss jetzt entscheiden." Das führt selten zu wirklich guten Ergebnissen.

„Suche lenkt vom Finden ab" Sie sind in einer Situation, die mit einer Partnersuche vergleichbar ist. Sicherlich haben auch Sie schon einmal die Erfahrung gemacht, dass Personen, die einen Partner suchen, immer verkrampfter werden. Wir strengen uns an, eilen zu jedem Treffen, geben Kontaktanzeigen auf. Unser ganzes Denken ist mit **der Suche** beschäftigt. Während dieser Aktivität schauen wir nicht mehr wirklich hin, welche Menschen uns begegnen und was sie uns entgegenbringen. Ein Mann oder eine Frau lächelt uns an, und die Augen funkeln. Er bzw. sie macht eine humor-

volle Bemerkung. Eigentlich stehen wir auf ausdrucksvolle Augen, und Humor zieht uns normalerweise an. Doch das Lächeln sehen wir nicht, den Humor nehmen wir nicht wahr. Kurz und gut, wir sind nicht offen. **Ohne Offenheit und Bereitschaft können wir nicht finden.**

Manchmal kommen wir nicht voran, weil wir über die Suche das Finden vergessen. Dies wird uns noch ausführlich beschäftigen. Zunächst möchte ich Sie über weitere gängige Gründe für Stagnation und den Umgang damit informieren.

Erste Überlegungen bei Blockaden

Wenn Sie ungeduldig werden, gilt weiterhin: Veränderung braucht Zeit. Seien Sie daher etwas geduldiger mit sich und überprüfen Sie, ob Sie sich genügend Raum geben, Ihre Aktivitäten auch gefühlsmäßig wirken zu lassen und auszuwerten. Vielleicht brauchen Sie mehr Erfahrungen, um sich vorstellen zu können, zukünftig z.B. als Künstler oder Unternehmer tätig zu sein. Ersetzen Sie die genannten Berufe durch diejenigen, die Ihnen als (vage) Möglichkeit durch den Kopf gehen. Vielleicht hilft Ihnen folgende Anregung.

Zeit für Auswertung

Aufgabe
Probieren Sie aus, wie folgende Sätze für Sie klingen: „Ich werde ... sein" bzw. „Ich werde als ... tätig sein" alternativ zu: „Ich will ... sein" bzw. „Ich will als ... tätig sein". Manchen Menschen helfen zunächst die entsprechenden Verneinungen. Bei dieser Übung ist es wichtig, laut zu sprechen. Hören Sie auf Ihre inneren Antworten. Sie werden merken, was zurzeit stimmig für Sie ist.

Wenn Sie sich beispielsweise mit der Frage beschäftigen, ob Sie angestellt oder selbstständig sein möchten, können Sie versichert sein, kaum eine Entscheidung einfach per Beschluss herbeiführen zu können. Berücksichtigen Sie: Gelernte Familienmuster wirken. Es macht einen Unterschied, ob das Führen einer eigenen Firma im Familienrepertoire vorhanden ist oder ob Sie das erste Familienmitglied sind, das überlegt, einen solchen Weg zu gehen. Hilfreich ist es, wenn Sie Ihre diesbezüglichen eigenen Annahmen und Regeln ermitteln und hinterfragen. Sie vervollständigen damit Ihre Regelliste.

Wenn Ängste und Zweifel Sie hemmen, ob Sie das Richtige tun, dann vergegenwärtigen Sie sich: **Veränderung macht immer Angst. Es ist daher keine Schande, wenn Sie sich ängstlich und schüchtern fühlen.** Gehen Sie schüchtern und ängstlich auf neue Situationen zu, wenn Sie sich so fühlen, **aber gehen Sie los.** Ob etwas zu Ihnen passt, können Sie nicht im Kopf erfahren.

Sie befürchten beispielsweise, dass Fremde Ihre Unsicherheit merken, und dies hindert Sie, aktiv zu sein. Aus langjähriger Erfahrung kann ich sagen, dass Sie selbst Ihre Ängstlichkeit, Verlegenheit etc. vermutlich viel stärker wahrnehmen als fremde Menschen. Es ist noch nicht einmal sicher, dass andere diese überhaupt registrieren. Selbst wenn, es wird selten negativ ausgelegt. Schließlich sind Sie der Fremde bzw. der Neue. Jeder versteht, wenn Sie vorsichtig sind. Sie werden erleben, viele Menschen fühlen sich gerade dadurch angeregt, Ihnen zu helfen.

Dies waren einige Überlegungen, die Sie anstellen sollten, wenn Sie das Gefühl haben, auf der Stelle zu treten. Wenn Sie stecken bleiben und trotz vieler Überlegungen nicht erkennen, was Ihrer Entwicklung im Wege steht, dann kommen Sie nicht umhin, die Situation genauer zu ergründen.

Die innere Logik von Blockaden

Gefragt sind gute Ratgeber Wenn Sie merken, dass Sie wirklich nicht weiterkommen, dann setzen Sie sich mit einem guten Freund, dem Sie vertrauen und durch den Sie sich nicht unter Druck gesetzt fühlen, zusammen. Sie brauchen nun jemanden, der Ihnen hilft zu unterscheiden. Handelt es sich um eine Blockade oder sollen Sie sich mehr Zeit geben? Bitten Sie Ihr Gegenüber, genau auf Ihre Formulierungen zu achten. Es kann hilfreich sein, die zentralen Aussagen zu den einzelnen Fragen mitzuschreiben. So haben sie eine gemeinsame Ausgangsbasis: schwarz auf weiß.

Checkliste 11: Brauche ich mehr Zeit oder bin ich blockiert?

Was habe ich bisher alles gemacht/unternommen? (Genaue Beschreibung)

Wenn ich meiner eigenen Aufzählung zuhöre, dann

finde ich

geht es mir

fällt mir ein ... usw.

Was würde passieren, wenn ich mich jetzt entscheiden würde bzw. müsste?

Nehmen Sie sich für die Beantwortung Zeit und seien Sie genau.

Entwickeln Sie ein Bild für Ihre jetzige Situation: Wie sieht beispielsweise meine innere Landschaft, mein Gebäude aus?

Wo befinde ich mich in diesem Gebäude? Wie ist meine Haltung (aufrecht, gehend, auf Knien ...), wie ist mein Gefühl dazu (ängstlich, freudig ...)?

Welche Personen sind für mich relevant? Wessen Meinung zählt für mich besonders?

Was würden diese zu den einzelnen Projekten, zu meinen Aktivitäten und meinen Wünschen sagen bzw. was sagen sie?

Gibt es jemand, dem ich es recht machen muss?

Gibt es jemand, der meine Aktivitäten missbilligt oder mir missgönnt?

Physiologische Botschaften Diese Aufzählung dient wieder als Anregung. Hilfreich ist es erfahrungsgemäß, bei der Beantwortung auf die physiologischen Begleitumstände zu achten und sie mit einzubeziehen. Niemand außer Ihnen bekommt in der Regel Ihre körperlichen Reaktionen mit. Was sagen mir: Schwitzen, feuchte Hände, Flecken, Kälte- und Hitzegefühle, Rauschen oder Nebel im Kopf, auffällige Müdigkeit, Kopfschmerzen, Herzklopfen? Möglicherweise entdecken Sie sogar ein Muster. Etwa so: Immer wenn ich etwas nicht wahrhaben will, bekomme ich einen leeren Kopf.

Realitätscheck Wenn Sie die Fragen der Checkliste beantwortet haben, dann haben Sie vermutlich einen Überblick, inwieweit die äußere Realität mit Ihrer inneren übereinstimmt oder auch nicht. **Die Spannbreite der Ergebnisse kann groß sein:**

- Vielleicht fällt Ihnen im Laufe Ihrer Beschreibung auf, dass Sie bisher doch nur wenig versucht haben, dann heißt es, mutig zu sein, noch mehr auszuprobieren.

- Vielleicht sind Sie lustlos. Dann müssen Sie klären, ob Sie eine Pause brauchen. Vielleicht ist Ausspannen angesagt. Eine weitere Erklärung lautet: Ihre Energie ist noch durch frühere Erlebnisse, privat oder beruflich, die nicht bewältigt sind, gebunden. Dann sollten Sie sich beispielsweise mit dem Thema „Kränkung" befassen.

- Vielleicht nehmen Sie sich zu wenig Zeit, um das Erlebte jeweils auszuwerten. Sie gehören zu denen, die evtl. dazu neigen, schnell ungeduldig zu werden. Am liebsten hätten Sie direkt eine Lösung. Vermutlich fällt es Ihnen schwer auszuhalten, **nicht zu wissen.**

- Weit verbreitet ist die Angst, etwas zu verpassen oder etwas falsch zu machen. Diese Grundhaltungen führen dazu, an Erfahrungen „getrieben oder ängstlich" heranzugehen. Beide Haltungen verhindern häufig eine Auswahl, und sei es auch nur partiell.

Wenn Vergleichbares zutrifft, sollten Sie dem vertrauten Menschen ganz genau beschreiben, was Sie bisher unternommen und ausprobiert haben, was Sie bisher wahrgenommen haben und wie es Ihnen mit den Erfahrungen geht. Fragen Sie andere, denen Sie vertrauen, was Sie beobachten und wie sie Ihr Herangehen und Ihr Vorankommen einschätzen. Ein englisches Sprichwort sagt: **Man braucht zwei, um einen zu sehen.** Jeder von uns hat blinde Flecken. Unsere Wahrnehmungen basieren auf unseren Annahmen über die Welt und den daraus abgeleiteten gefühlsmäßigen Befindlichkeiten. Den Gefühlen geben wir die Bedeutung von Fakten. Unsere subjektive, selektive Sichtweise können wir überprüfen, indem wir uns unsere Annahmen über uns und die Welt bewusst machen. Ein Instrument dafür ist die *„Leiter der Abstraktion"*.

Leiter der Abstraktion

Stellen wir uns folgende Situation vor. Wir befinden uns in einer Besprechung. Ganz schnell nehmen wir eine Situation auf und reagieren in der Situation. Zwischen der Wahrnehmung einer Situation und unserer für alle sichtbaren Handlung spielt sich viel in unserem Kopf ab, häufig ohne dass wir uns dessen bewusst sind.

Um diesen Prozess Einzelnen wie Gruppen anschaulich zu vermitteln, wurde ein Instrument, die *„Leiter der Abstraktion",* entwickelt. Sie geht auf Chris Argyris zurück und wurde in „Das Fieldbook zur fünften Disziplin" von Peter M. Senge (vgl. Literaturempfehlung S. 174) in Deutschland veröffentlicht. In Anlehnung daran habe ich dieses so genannte mentale Modell für unseren Zusammenhang aufbereitet.

Selektive Wahrnehmung

Wie auf einer Leiter arbeiten wir uns danach von der Datenbeobachtung über Einschätzung zur Handlung hoch. Ständig sehen wir uns mit einer großen Menge von Informationen konfrontiert. Im Gegensatz zu einer Filmkamera, die alles ohne Unterschiede aufzeichnet, nehmen wir nur Ausschnitte wahr, und daraus wählen wir noch aus. Ausgangsbasis für den nächsten Schritt sind also immer nur selektiv ausgewählte Daten. Diese Reduktion führt notwendigerweise zu einer begrenzten Wahrnehmung.

Auswahlkriterien

Wonach wählen wir aus? Wir wählen danach aus, was **uns** wichtig oder unwichtig erscheint. Unterscheidungen machen wir wiederum aufgrund unserer bisherigen Erfahrungen. Diese dienen als Grundlage für Schlussfolgerungen, die schließlich zu den Annahmen, Überzeugungen, Werten über die Welt führen, die wiederum Basis für unsere Auswahl und unsere Deutungen sind. Wie Sie sicherlich merken, werden wir von einem sich selbst bestätigenden System geleitet.

Aufgrund unserer Überzeugungen nehmen wir in der Regel die Informationen wahr, die unsere Überzeugungen bestätigen.

Jeder hat ein solches handlungsanleitendes System an Schluss-folgerungen, Deutungen und Überzeugungen. Häufig reichen ganz wenige Informationen, um es in Gang zu setzen. In der Regel kennen weder andere Menschen unser System, noch ist es uns in den meisten Situationen selbst bewusst. Es klingt kompliziert, ist jedoch unsere tagtägliche Realität. Wir beobachten, nehmen Ausschnitte auf und regieren aufgrund unserer Filter. Das macht jeder, die Filter sind unterschiedlich, und wir kennen bestenfalls unsere eigenen. Alles andere können wir nur vermuten oder besser erfragen.

Abb. 4: Herr M und seine Leiter der Abstraktion

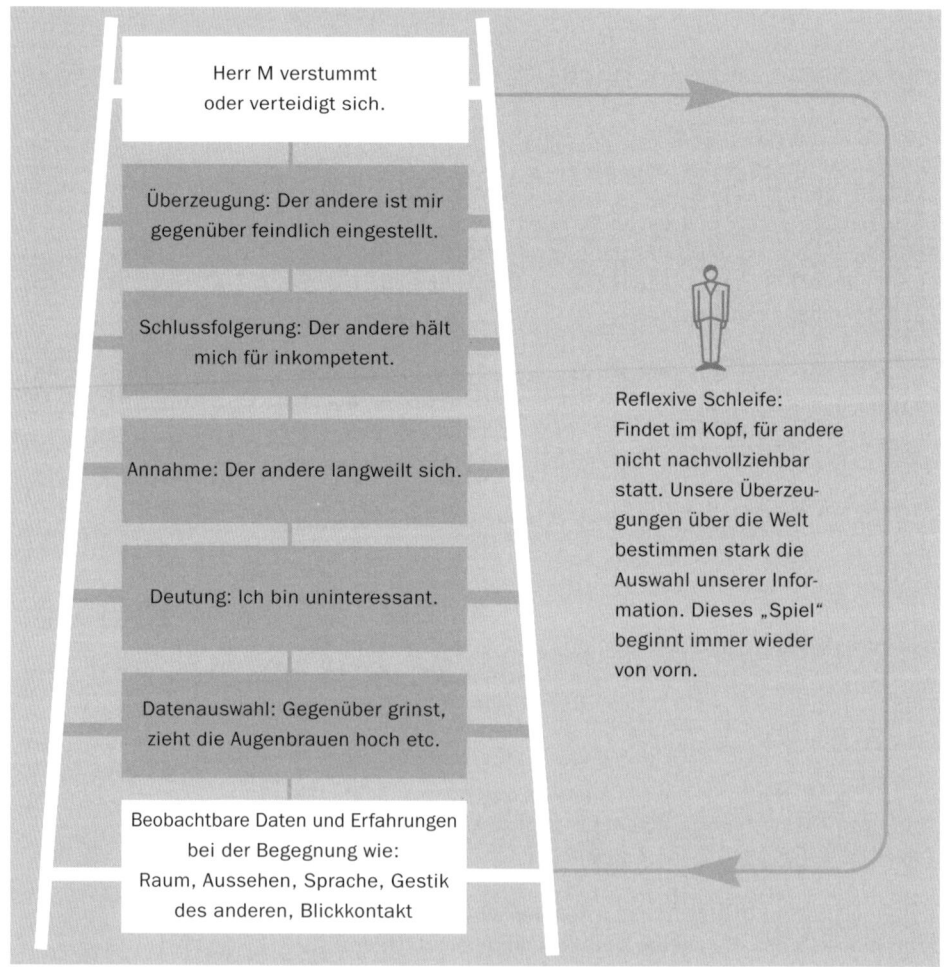

Herr M verstummt
oder verteidigt sich.

Überzeugung: Der andere ist mir
gegenüber feindlich eingestellt.

Schlussfolgerung: Der andere hält
mich für inkompetent.

Annahme: Der andere langweilt sich.

Deutung: Ich bin uninteressant.

Datenauswahl: Gegenüber grinst,
zieht die Augenbrauen hoch etc.

Beobachtbare Daten und Erfahrungen
bei der Begegnung wie:
Raum, Aussehen, Sprache, Gestik
des anderen, Blickkontakt

Reflexive Schleife:
Findet im Kopf, für andere
nicht nachvollziehbar
statt. Unsere Überzeugungen über die Welt
bestimmen stark die
Auswahl unserer Information. Dieses „Spiel"
beginnt immer wieder
von vorn.

Im Rahmen einer beruflichen Neuorientierung erweist es sich als ratsam, das eigene System zu kennen und gegebenenfalls in Frage zu stellen, wenn wir beispielsweise das Gefühl haben, nicht weiterzukommen.

Am Beispiel von Herrn M, der Schwierigkeiten hatte, Kontakte zu knüpfen und zu halten, lässt sich verdeutlichen, wie wir uns selbst ausmanövrieren können. Bei näherer Betrachtung liefen Treffen mit für ihn Fremden (potenziellen Geschäftspartnern) nach folgendem Muster ab: Herr M war zunächst vor jedem Treffen, das er entweder selbst initiiert hatte oder das durch Vermittlung zustande kam, positiv eingestellt. Er begegnete seinem jeweiligen Gesprächspartner in einem wie immer gestalteten Raum, Herr M war meist etwas aufgeregt und schwitzte leicht, was ihm peinlich war. Zunächst fand er den anderen in der Regel sympathisch.

- Nach kurzer Zeit stellte er fest, dass der andere beispielsweise die Augenbrauen hob oder die Mundwinkel verzog. (Das interessierte Nachfragen blendete er aus.) Inwieweit die geschilderten Reaktionen in der Person des anderen begründet sind und welche Bedeutung sie haben, wusste und konnte Herr M gar nicht wissen.
- Er deutete solche Reaktionen als Desinteresse an seiner Person. (Ich bin für mein Gegenüber uninteressant.)
- Daraufhin nahm er an, dass der andere von ihm gelangweilt sei.
- Daraus zog er den Schluss: Dieser Typ hält mich für inkompetent und versteht nicht, wieso ich aus meinem Job ausgestiegen bin. Das hätte ich mir denken können, so „bossy" wie der schon am Telefon war und wie aufgemotzt sein Büro ist. Schade, dabei könnte ich ihm wirklich eine gute Software-Lösung anbieten.
- Schließlich gelangte er zu seiner Überzeugung, die lautet: Die Welt ist zu mir meist feindlich. Bezogen auf die Begegnung bedeutet es: Der andere gehört zu den arroganten Typen, die mich niedermachen wollen und selbst auf der sicheren Seite sind. Da habe ich keine Chance, oder von dem lasse ich mir nichts gefallen.

Das Ergebnis war immer gleich, Herr M, Wissenschaftler und kompetenter Software-Entwickler, war nicht mehr in der Lage, seine Fähigkeiten einzubringen und seine Interessen zu vertreten. Stattdessen nahmen andere wahr, dass er kaum noch etwas sagte oder aber sich mit seinem Gegenüber anlegte. Die Folge war selbstverständlich, dass es bei einmaligen Kontakten blieb. Erst als ihm die Automatismen seines Verhaltens bewusst wurden und er seine Annahmen hinterfragte, gewann er nach und nach seine Handlungsfreiheit.

Wenn Sie selbst nicht weiterkommen, versuchen Sie doch einmal, sich Ihre jeweilige Leiter aufzuzeichnen. Sie haben hiermit erneut ein Instrument, um die Wirkungsweise von Regeln und Überzeugungen zu reflektieren und sie gegebenenfalls zu unterbrechen. Mit der Zeit werden Sie Übung darin bekommen und das Instrument schnell einsetzen können.

Die innere Welt bestimmt unser Handeln

Wofür ist eine Blockade gut?

Wenn wir blockiert sind, hilft oft die erprobte lateinische Frage „Cui bono?" – „Wem nutzt es? oder: Für wen oder was ist etwas gut?" weiter. In juristischen, historischen, ökonomischen, politischen und vielen anderen Bereichen gehört diese Frage nach dem Nutzen zum Standardrepertoire, wenn man erkunden will, was sind mögliche Motive und Hintergründe für ein Verhalten oder eine Initiative.

Potenzielle innere Konflikte ermitteln

In unserem Zusammenhang liegt dieser Fragestellung die Idee zugrunde, dass Widerstände, Abwehr, also Blockaden, immer dann aktiv werden, wenn unsere innere Abbildung der Welt mit ihren Regeln und Selbstverständlichkeiten in Frage gestellt wird. Das von außen geforderte, auch uns selbst logisch Erscheinende ist auf diesem Hintergrund dann gefährlich, denn es drohen Loyalitäten zu brechen. Wir stehen vor der Wahl: Folgen wir unseren verinnerlichten Regeln, die wir meist in der Herkunftsfamilie gelernt haben, z.B. „Pass dich an", oder riskieren wir im Gegensatz dazu, unseren Wünschen zu folgen, z.B. „sich durchzusetzen". Selbst wenn der Ehemann oder die Ehefrau es gut finden würden, wenn wir endlich unsere Vorstellungen umsetzen: Einige Menschen bringen diese unterschiedlichen Anforderungen in Konflikte. Der Konflikt erzeugt Angst. Vielleicht kennen Sie solche Konstellationen. In anderen Fällen wird unser Weltbild grundsätzlich in Frage gestellt. Das ist irritierend und wird häufig als höchst bedrohlich erlebt. Abwehr wird auf diesem Hintergrund verständlich.

Individuell unterschiedliche Wirklichkeiten

Wir können davon ausgehen, dass jeder Mensch von Geburt an sein spezifisches Bild von der Wirklichkeit entwickelt. Dazu gehört sein Verhältnis zu sich selbst und sein Verständnis von der eigenen Person im Verhältnis zu allem, was ihn umgibt. Neue Erfahrungen werden auf dem Hintergrund von prägenden Grund-erfahrungen eingeordnet. Daraus folgt, dass für jeden Menschen die Realität eine ganz spezifische ist, eine, die sich von anderen unterscheidet. Selbst bei gleichzeitigem Erleben einer Situation kennen Sie vermutlich den Eindruck, „in einem unterschiedlichen Film zu sein". Sehr deutlich wird dies bei Geschwistern, die ihre Kindheit häufig unterschiedlich wahrnehmen und dies, obwohl sie doch von den gleichen Eltern stammen, im gleichen Haus groß geworden und nahezu gleichaltrig sind.

Die Art, wie ich die Welt, ihr vermeintliches Verhältnis zu mir und mein Verhältnis zu ihr in mir abgebildet habe, bestimmt mein Tun und meine Handlungsmöglichkeiten. Den emotionalen Qualitäten der Abbildungen, wie „Die Welt ist mir gegenüber feindlich oder sie ist mir zugewandt" und „Ich will mit dem Außen wenig zu tun haben", kommt dabei eine besondere Bedeutung zu. Abhängig davon, ob ich mich aufgrund meiner inneren Bilder eher als Handelnder oder mehr als Opfer erlebe, werde ich unterschiedliche Haltungen wie Kampf, Abwehr, Offenheit, Bereitschaft verstärkt gegenüber anderen einnehmen. Menschen reagieren auf scheinbar ähnliche Situationen verschieden. Was für den einen selbstverständlich (auf andere Menschen zuzugehen) ist, bedeutet für den anderen eine echte Überwindung.

Abwehrprozesse dienen innerem Gleichgewicht

Unsere inneren Bilder sind relativ stabil. Da jede neue Erfahrung in dieses eigene System eingebaut wird, tendiert es dazu, sich selbst zu bestätigen. Erinnern Sie sich an die Leiter der Abstraktion? Das jeweilige Bild der Realität wird so aufrechterhalten. Erschütterungen durch Krisensituationen können zu Neubewertungen führen. Vor einer solchen Veränderung stehen jedoch Abwehrprozesse, die sich als Blockaden bemerkbar machen. Unsere Wahrheit wird in Frage gestellt. Gefahr droht, zunächst wird versucht, das innere Gleichgewicht, die *Homöostase,* zu halten bzw. wiederherzustellen.

Zur Erinnerung: Elke musste die „richtige" Tür öffnen, da sie laut ihrer Welt eine Entscheidung für immer treffen musste. Die Folgen einer falschen Entscheidung wären groß gewesen. Sich nicht zu entscheiden (Lähmung) war in diesem System eine Überlebensstrategie. Spannenderweise hatte sie darüber kein Gewahrsein. Erst Elkes Coach legte die innere Realität offen. Er griff ihre Bilder auf und entwickelte mit Elke zusammen neue Handlungsmöglichkeiten in ihrer inneren Welt. Der Transfer war dann möglich.

Wenn Sie auf der Stelle treten, empfehle ich Ihnen ebenfalls, Ihre innere Realität zu erforschen. Erschrecken Sie nicht, sie kann von Ihren rationalen Überlegungen weit abweichen bis hin zum Gegenteil. Das kommt häufig vor und sollte Sie nicht abhalten, Ihren Blockaden nachzuspüren und sie zu überprüfen. **Es bleibt immer Ihre Entscheidung, welche Schlussfolgerung Sie ziehen und ob Sie neue Wege ausprobieren wollen.**

Erklärungsmuster bei Frauen und Männern

Sich wegen einer vorliegenden Blockade nicht entscheiden zu können ist ein Phänomen, das sowohl bei Männern als auch bei Frauen anzutreffen ist. Die formalen Erklärungen, die Männer und Frauen heranziehen, sind jedoch tendenziell unterschiedlich. Männer bevorzugen eher scheinbar sachliche Argumente und suchen die Ursache außerhalb von sich. Frauen dagegen wählen vorwiegend subjektive Gründe, die ein persönliches Defizit wie mangelndes Selbstbewusstsein, Unfähigkeit oder fehlende Kenntnisse unterstellen. In beiden Fällen handelt es sich um Rationalisierungen, mit denen das „Stehenbleiben" vor sich und anderen verteidigt wird. Nutzen Sie solche Phänomene als Indikatoren.

3.4 Zusammenfassung: Unterscheiden lernen

Auch in der Suchphase ist es wichtig, geduldig zu bleiben. Sie haben bereits viel geschafft. Der Prozess, den Sie durchlaufen, beinhaltet, dass Sie viel psychische Arbeit leisten. Das kostet Sie eine Menge Energie. Daher brauchen Sie sich wieder nicht zu wundern, wenn Sie manchmal erschöpft sind. Sie lernen sich darüber hinaus in allem, was Sie erleben, immer besser kennen. Wie Sie wissen, ist dies die Voraussetzung, damit Sie eine neue berufliche Identität aufbauen können. Dazu gehört, dass Sie vemehrt Ihr **Eigenes** entdecken und entwickeln. Damit werden Sie auch sicherer in der Unterscheidung, wann Sie wirklich Neues auf sich einwirken lassen und wann Sie eventuell in Aktionismus oder Lähmung verfallen. Immer wenn Letzteres zutrifft, lesen Sie noch einmal die vorangegangen Abschnitte. Beziehen Sie die Inhalte auf Ihre Situation. In der Regel gibt es keinen Grund, mit sich zu hadern, denn Sie gehen in Ihrem Tempo weiter. Sie haben mittlerweile Kriterien an der Hand, um Blockaden auszuschließen bzw. zu bearbeiten, und werden sich nicht mehr so schnell selbst austricksen.

Wenn Sie sich in verschiedenen Feldern ausprobieren bzw. sich mit verschiedenen Bereichen befassen, können Sie das als eine **Investition in die Zukunft** betrachten. In einer Art Probehandeln, faktisch oder gedanklich, stellen Sie sich in neue berufliche Zusammenhänge und erleben, wie sich das anfühlt und was stimmig ist. Lernen erfolgt damit über Versuch und Irrtum. Zusätzlich gewinnen Sie Wissen und Fertigkeiten in bisher für Sie fremden Bereichen, die Ihnen später zugute kommen können. Im Laufe dieser Versuche treten mögliche berufliche Felder in den Vordergrund, andere werden Sie klar verwerfen. Vermutlich werden Sie die für Sie interessanten Ideen hin und her wenden, manchmal auch eine Zeit lang beiseite legen. Auch wenn Sie immer noch nicht ganz genau wissen, für was Sie sich entscheiden werden: Einzelne Felder beginnen sich herauszukristallisieren.

Im folgenden Abschnitt erfahren Sie, wie ein „Ja-Sagen" Elkes Findungsphase einleitet. Sie werden darüber lesen, wie Sie Ihre Findungsphase gestalten können. Erfahrungsgemäß macht vielen Menschen gerade die Findungsphase Angst: Alte Zweifel melden sich. Es geht um „Loslassen" und „die Bereitschaft auszuwählen". Kontrolle aufzugeben und Entscheidungen zu treffen fällt vielen schwer. Aus diesem Grunde verweise ich in den folgenden Abschnitten immer wieder auf mögliche Blockaden, die sich zeigen können, sowie auf Möglichkeiten, konstruktiv damit umzugehen. Auch bei anderen Herausforderungen kann es durchaus sinnvoll sein, diese Strategien zu kennen. Sollte dies für Sie kein Thema sein, dann gehen Sie einfach in dem Buch weiter vor. Bei Bedarf können Sie ja wieder zurückgehen.

4. Findungsphase

Endlich kann Elke „ja" sagen

*Elke realisierte, dass sie, wie das Mädchen, einen Raum wieder verlassen oder durch Zwischentüren in einen anderen gelangen konnte. Sie konnte sich versuchen, Bereiche ausprobieren. Nichts musste sie aushalten. Nichts musste sie für immer machen. Ihre Entscheidungen waren revidierbar. Dies erleichterte sie. Dennoch, das ersehnte Resultat im Sinne von „**Das ist es**" war immer noch nicht da.*

Ca. 3 Wochen später machte der Coach Elke ein Angebot. Er war angefragt worden, die Unternehmensnachfolge in einem großen Familienunternehmen, deren Beteiligte zerstritten waren, zu begleiten. Er selbst war anderweitig beschäftigt und würde daher sie neben zwei anderen Personen empfehlen. Elke fühlte sich geschmeichelt, aber war es das? Was wären die Bedingungen? Ständig herumreisen? Die alten Wenn und Aber meldeten sich offensichtlich erneut. Drei Tage hatte sie Zeit, um sich zu entscheiden. Elke schilderte, dass die nächsten Tage für sie nicht leicht waren. Sie lief wohl auf und ab, de facto wie auch in ihren Gedanken. Neu war, dass sie sich mit anderen besprach. Ihre Ängste und Befürchtungen waren dennoch mobilisiert. Schließlich konnte sie an die Erfahrung mit dem kleinen Mädchen anknüpfen. Was hatte sie zu verlieren, „nein" sagen konnte sie immer noch. Am Montagmorgen rief sie ihren Coach an und sagte: „Ja." Mittlerweile hatte sich die Unternehmensfamilie gegen eine Beratung von außen entschieden, aber dies war nicht wichtig. Wichtig war, dass sie „ja" gesagt hatte.

Etwas Neues wird real vorstellbar

Elke war endlich in der Lage, ein berufliches Angebot als eine Möglichkeit zu betrachten, die sie überprüfen, annehmen oder verwerfen konnte.

Ihre Blockade war überwunden, und sie war einen gewaltigen Schritt weiter. Elke hatte die Findungsphase erreicht. Der Übergang von der Such- in die Findungsphase erweist sich häufig als besonders schwierig. Sie verspüren eine Unsicherheit, jetzt wird es wirklich ernst. Die psychische Herausforderung besteht darin, **das Risiko** einzugehen:

- *das Suchen aufzugeben,*
- *zu vertrauen, dass Sie fürs Erste genügend ausprobiert haben,*
- *bereit und offen zu sein für das, was kommt,*
- *zu vertrauen, dass diese Welt einen Platz für Sie hat,*
- *keine Garantie zu haben, dass alles klappen wird.*

Solche Übergänge sind immer von Ungewissheit begleitet, aber sie sind auch aufregend.

Mit Beginn des Prozesses haben Sie Ihr Blickfeld erweitert. Ja, es war geradezu Ziel, möglichst weit zurückzutreten, um anderes sehen zu können. Sie haben Ihren Blick geschult und Ihre Kriterien entwickelt. Jetzt geht es um die Umsetzung. Es geht nicht länger darum, die Felder zu erkunden, sondern sich auszuprobieren. Bezogen auf Ihr Sehfeld wird der entgegengesetzte Schritt von Ihnen gefordert wie zu Beginn. Nur wenn Sie sich fokussieren, können Sie die Tätigkeit finden, die zu Ihnen passt. Wie Sie sehen werden, bestehen Ihre nächsten Herausforderungen im Zulassen, Zupacken und im sich Einlassen.

Um zu einer Auswahl zu kommen, muss der Sehwinkel wieder verkleinert werden.

Diese Anforderungen aktivieren bei vielen Fragen und Zweifel: Habe ich wirklich genug ausprobiert? Werde ich es können? Habe ich nichts Wichtiges unversucht gelassen? **Das ist normal.** Wenn Sie bis hierhin den Weg gegangen sind, können Sie fast sicher sein, dass eine weitere Entwicklung bereits angelegt ist. Sollten Sie dennoch Zweifel haben, ob Sie genug gemacht haben, dann rufen Sie sich das Bild des Samenkorns ins Gedächtnis. Sie erinnern sich? Erst sieht man nichts, dann ...

Zweifel sind normal

Vergegenwärtigen Sie sich zu Ihrer eigenen Beruhigung noch einmal, wie viel Sie in der vorausgegangen Zeit kennen gelernt und ausprobiert haben. Sie haben mittlerweile bestimmten Ideen und beruflichen Möglichkeiten innerlich Vorrang gegeben. Sie haben einige als machbar bewertet, andere dagegen haben Sie schon aussortiert. Richtig? Wenn noch nicht geschehen, dann schreiben Sie Ihre einzelnen Schritte noch einmal auf. Sie legen sich selbst gegenüber somit Rechenschaft ab und gewinnen einen Überblick über Ihre Aktivitäten und wie Sie dazu stehen. Diese Liste sollten Sie gut sichtbar anbringen, so dass Sie diesen Überblick immer vor Augen haben.

Bisherige Aktivitäten bewusst machen

4.1 Vertrauen wagen

Von der Suche ablassen

Geben Sie dem Schicksal, geben Sie dem Kosmos eine Chance. Keine Sorge, dieser Ansatz hat mit Esoterik nichts zu tun. Es ist die Aufforderung, sich zunächst zurückzulehnen und von der oben beschriebenen Suche abzulassen. Sie lesen richtig, durchatmen und ein wenig entspannen ist jetzt angesagt.

Sie haben sich entschlossen, die Suche zu beenden und zu finden. Wie Sie sich vorstellen können, verändert sich dadurch faktisch noch nichts. Zu diesem Zeitpunkt empfehle ich Ihnen, Ihren Wunsch nach der beruflichen Perspektive, nach der Klarheit in der beruflichen Entwicklung, nach dem Traumangebot in Form eines Aktenvermerks an den Kosmos abzufassen. Versehen Sie dieses Schriftstück mit einem Wiedervorlagevermerk. Die Wiedervorlage sollte auf drei bis sechs Monate terminiert sein. Folgen Sie bei der Zeitangabe Ihrem inneren Gefühl. Legen Sie dann diese Akte bis zum festgesetzten Zeitpunkt beiseite.

Dies klingt vielleicht für den einen oder anderen von Ihnen befremdlich.

Ein solcher symbolischer Akt erfüllt jedoch mehrere Funktionen. Der vorhandene Druck, ein sofortiges Ergebnis zu erreichen, wird der Akte übergeben, im wahrsten Sinne ad acta gelegt. Damit wird der zeitliche Raum für die angestrebte Entwicklung geöffnet. In Form eines Rituals erfolgt eine Selbstverpflichtung.

In den vorangegangen Monaten haben Sie viel dafür getan, um beruflich neue Wege gehen zu können. Das Ihre haben Sie dazu getan, unser Einfluss auf den Lauf der Dinge ist jedoch begrenzt. Sie geben nun Ihrer Bereitschaft Ausdruck, darauf zu vertrauen, dass das Schicksal, der Kosmos, für Sie in Sachen Beruf einen Platz bereithält: „Es wird sich Ihnen zeigen." Dies bedeutet nun keineswegs Passivität. Sie erklären sich vielmehr bereit, zunächst zu schauen und zu nehmen, was das Schicksal für Sie bereithält – selbst wenn es fürs Erste nicht das Traumangebot zu sein scheint.

In diesem Ritual steckt eine Art Vertrag, der ungefähr so lautet: Ich vertraue darauf, dass die Welt meine bisherige Suche mit Früchten belohnen wird, und ich verpflichte mich, die Ernte einzufahren.

Vielleicht entwickeln Sie anstelle des Aktenvermerks auch Ihr ganz eigenes Ritual, um die Bereitschaft, **zu finden und zu nehmen,** auszudrücken. Rituale können Sie in dem vorliegenden Schritt unterstützen.

Eigene Rituale entwickeln

Selbstverständlich gibt es keine Verpflichtung, ein Ritual durchzuführen. Wenn Sie sich dagegen entscheiden: auch gut. Wichtig ist nur, dass für Sie das Prinzip nachvollziehbar ist und dass Sie es für sich verinnerlichen:

1. **Sie werden erst finden, wenn Sie aufhören zu suchen.**
2. **Dazu müssen Sie bereit sein zuzugreifen.**

Um sich das Prinzip immer wieder zu verdeutlichen, erinnern Sie sich an den Vergleich mit der Partnersuche, den ich an anderer Stelle bereits herangezogen habe. Wir finden einen Partner häufig dann erst, wenn wir mit der Suche aufhören und wir „ja" sagen, wenn unser Blick auf einen für uns möglichen Partner fällt. Es funktioniert nur, wenn wir zulassen, wenn wir geschehen lassen.

> Immer wenn wir versuchen, etwas zu erzwingen, und damit lösungsfixiert werden, stehen die Chancen schlecht, das zu bekommen, was wir haben wollen.

Das gilt für einen Partner wie für die berufliche Neuorientierung. Bedingung für den Erfolg allerdings ist, dass wir uns offen machen und riskieren, etwas wirklich zu versuchen. Wie es genau sein wird, können wir nicht wirklich planen. Manchmal trifft man „sie" oder „ihn", wenn man gar nicht damit rechnet. Auch die Entdeckung Amerikas war nicht geplant. Irrtümer, Verspätungen, Umwege, überraschende Begegnungen oder Wendungen können weitere Perspektiven eröffnen. Vielleicht erinnern Sie sich an eine Situation, die sich anders entwickelt hat als beabsichtigt und die letztendlich positiv war. Vergegenwärtigen Sie sich diese Erfahrungen.

von festen Vorstellungen ablassen

Entwicklung geschieht in kleinen Schritten und plötzlichen Sprüngen
Nachdem Elke grundsätzlich „ja" gesagt hatte, begann sie, sich auf unterschiedliche berufliche Aktivitäten einzulassen. Sie stellte nicht länger Fragen wie: Warum? Ist es richtig? Stattdessen packte sie zu, wann immer sich etwas anbot, was sie ansprach. Mehr als einmal musste sie aufpassen,

nicht wieder in ihr altes Muster zurückzufallen. Nach und nach hörte sie auf, alles in Frage zu stellen. Elke hatte verstanden, dass sie keine andere Wahl hatte, als zu machen und darauf zu vertrauen, dass es sich zum Guten fügen würde.

Elke nahm an einem Kurzprogramm zum Thema Konfliktmanagement in Organisationen teil, um sich für diesen Schwerpunkt auch formal zu qualifizieren. Sie übernahm einen Lehrauftrag. Sie begann zu schreiben. In jedem dieser Bereiche machte sie neue Erfahrungen mit sich selbst. Diesmal ging Elke mit den Fachkollegen aus Profit- und Non-Profit-Organisationen sehr bewusst um, da sie sich der Gemeinsamkeiten und Verschiedenheit sehr gewahr war. Sie hatte ihren Blick geschult. Das Thema lag ihr. Beides zusammen gab ihr Sicherheit. Dies konnte eine Ausgangsbasis werden.

Elke wollte nie Lehrerin werden. Dennoch hatte sie sich bereits seit einiger Zeit vorstellen können, ihr Wissen und Können weiterzugeben. Bisher hatte sie Vorträge gehalten und Diskussionen geleitet. Nun unterrichtete sie Studenten der Betriebswirtschaft. Vor allen Dingen erprobte sie sich dabei. Zu ihrem eigenen Erstaunen stellte sie fest, dass es ihr Spaß machte, Menschen in dieser Form anzuleiten. Offensichtlich konnte sie sogar begeistern. Zunächst glaubte sie es nicht so richtig. So sagte sie anfangs zu Freunden: „Heute war es ganz gut ..." Doch langsam begann sie sich als eine zu begreifen, die unterrichtete und das auch konnte.

Elke hatte sich schon immer viel Gedanken zu gesellschaftspolitischen Themen gemacht. Auf Empfehlung ihres Coachs hatte sie begonnen zu schreiben. Über die Auswirkungen des 11. Septembers wie über Führungsverhalten in Unternehmen und so fort. Elke dachte, sie sollte angeregt werden, sich mit Themen zu befassen, um endlich das Feld zu finden. Verwundert nahm sie zur Kenntnis, dass ihrem Coach ihre Inhalte und ihr Stil wirklich zu gefallen schienen. Und nicht nur ihm. Elke merkte, dass ihr Schreiben ebenfalls Spaß machte. Von anderen ermutigt, wandte sie sich an ein Wirtschaftsmagazin, und ihr erster Aufsatz wurde angenommen. Die Veränderung wurde auch in Elkes Wortwahl deutlich. Sprach sie zu Beginn gegenüber Dritten davon, dass sie ein wenig schreiben würde, wurde daraus als Nächstes: „Ich schreibe einen kleinen Aufsatz." Schließlich hörte sie sich selbst sagen: „Ich schreibe einen Artikel." Sie wurde für sich selbst und gegenüber anderen eine, die schrieb.

Ungeplant hatte Elke Themen, die früher für sie wichtig waren, aufgegriffen. Sie befasste sich mit Konfliktmoderation und stellte fest, dass sie bereits in der Schule diese Rolle übernommen hatte. Im Rahmen ihrer Diplomarbeit hatte sie Beteiligungsverfahren zwischen Vermietern und Mietern zum Thema gemacht. Als Jugendliche wollte sie Journalistin werden.

Das Beispiel von Elke ist an dieser Stelle erneut typisch. Die Erfahrung, unbeabsichtigt wieder an alte Wünsche oder Projekte anknüpfen zu können, haben auch andere immer wieder gemacht. Es scheint eine Art innere Logik zu geben, die sich erfüllt, wenn wir uns den Raum dafür geben. Wundern Sie sich daher nicht, wenn Sie plötzlich feststellen, dass Sie schon als Schüler den Plan hatten, X zu machen, und nun Ihre Interessen genau in diese Richtung gehen.

Alte Wünsche sind lebendig

Aus Erfahrung weiß ich, wie schwer es manchen Menschen fällt, zu vertrauen und psychologisch gesehen die notwendige Aggression aufzubringen, um zupacken zu können. Wenn das für Sie kein Thema ist, dann überspringen Sie die nächsten beiden Abschnitte.

4.2 Ohne Risiko gibt es nichts

Vielen Menschen fällt es schwer, zu warten und loszulassen. Gehören auch Sie dazu? Ich möchte Ihnen noch einmal mit einigen Anregungen Mut für Ihre Findungsphase machen. Die Findungsphase können Sie mit folgenden Situationen vergleichen: Angenommen, Sie haben sich monatelang auf eine Aufgabe – einen Auslandsaufenthalt, einen Marathon, eine Bergtour oder einfach eine Wanderung – vorbereitet. Nun ist es so weit. Sie müssen darauf vertrauen, dass Ihre Vorbereitungen gut waren, dass Ihr Körper Sie nicht schnell im Stich lässt und dass das Wasser Sie trägt. Kurz und gut, es ist die Zeit, dass **das gerichtete Tun** im Vordergrund steht.

Vertrauen auf ausreichende Vorbereitung

Vergleichbares galt, wann immer Sie etwas Neues angefangen haben. Wenn beispielsweise in Ihrem früheren Berufsfeld ein Produkt eingeführt wurde, eine neue Geschäftsidee umgesetzt wurde, musste der Beginn bzw. die Eröffnung terminiert werden. Dies geschah im Vertrauen, dass die wesentlichen Informationen und Analysen zur Verfügung standen und Sie in der Lage waren, auf eventuelle Schwierigkeiten flexibel zu reagieren. Vergleichbare Situationen kennen Sie. Nur, der Unterschied besteht für viele darin, dass Sie selbst den Zeitpunkt bestimmen. Alles unterliegt Ihrer Regie und steht in Ihrer Verantwortung. Sie geben den Startschuss für die Phase.

Manch einer von Ihnen hört zu Beginn dieser Phase immer noch warnende Stimmen. Wahrscheinlich erleben Sie immer wieder, wie Ihre alten Denkschleifen ablaufen. Sie kennen sie nun schon lange: Ist es richtig, ist es wichtig? Was wird X sagen oder denken? Mach' ich mir nur was vor? So oder ähnlich heißt es dann. Bei kurzer Betrachtung wird deutlich: Sie enthalten keine neue Information. Die Stimmen unterbrechen Sie nur bzw. nehmen Ihnen Ihre Energie, zur Tat zu schreiten.

4.3 Stoppschilder helfen

Gedankenschleifen unterbrechen

Es ist daher dringend geboten, diesen monotonen Wiederholungen Einhalt zu gebieten. Ich empfehle Ihnen, das einfache Wort **„Stopp"** zu gebrauchen. Stellen Sie sich jedoch darauf ein, dass Sie dieses Wort zu Beginn relativ oft benutzen werden. Übrigens, es wirkt nur, wenn Sie wirklich wollen, dass diese Gedankenschleifen aufhören. Solange Sie selbst diesen kreisenden Gedanken viel Aufmerksamkeit schenken, werden Sie davon bestimmt und eingeschränkt. Sie kommen nicht umhin, sich wirklich zu entscheiden, den Schritt ins berufliche Neuland zu machen. Erfahrungsgemäß erweist es sich dann als hilfreich, Stoppschilder in der Wohnung, am Computer, in der (Hand-) Tasche und an anderen wichtigen Orten zu verteilen. So haben Sie immer die Alternative zu den alten Mustern sinnlich vor Augen.

Etwas abgewandelt möchte ich Ihnen erneut die folgende alte Volksweisheit nahe legen: Sie wissen vielleicht momentan noch nicht, wozu manches gut ist. Erfahrungsgemäß können Sie ruhig auf Ihre Intuition vertrauen. Sie werden für sich schon das Richtige ausgesucht haben.

Ohne Risiko gibt es nichts. Wenn Sie es nicht versuchen, werden Sie nie herausfinden, ob das der richtige Weg ist.

Sprache als Ausdruck des Bewusstseins

Auch Sie werden dann mit der Zeit feststellen, dass einzelne berufliche Aktivitäten dauerhaft Ihr Interesse wecken, d.h., Sie stellen fest, dass die Energie bleibt. Die Art, wie Sie von Ihren Unternehmungen sprechen, ist ein Indikator für Ihre diesbezüglichen Entwicklungsschritte.

Achten Sie auf Ihre sprachliche Ausdrucksweise, wenn Sie anderen gegenüber von Ihren Tätigkeiten erzählen. Bitten Sie Ihre Freunde zu beobachten, ob Sie sich eher distanziert äußern oder ob nach und nach eine Identifikation mit dem, was Sie erproben, oder mit dem Feld, in dem Sie sich erproben, wahrnehmbar wird.

Unsere Sprache spiegelt in weiten Teilen unser Bewusstsein über unser Umfeld und unser Verhältnis zu ihm wider und eignet sich daher hervorragend zur Standortbestimmung in Sachen beruflicher Neuorientierung. In der Einführung habe ich aufgezeigt, wie wir allein schon sprachlich unsere berufliche Tätigkeit und unseren Status mit dem, was uns ausmacht, gleichsetzen. Umgekehrt gilt natürlich, dass wir uns sprachlich distanzieren bzw. graduell Distanz zum Ausdruck bringen können. Hier zwei Beispiele:

> *Frau L., Abitur, 2 Ausbildungen, 10 Jahre Berufstätigkeit,* beschloss angesichts drohenden Personalabbaus, die Chance zu ergreifen und ihre beruflichen Perspektiven erneut zu überdenken. Der Fokus ihrer Findungsphase war ein Studium. Das war für sie neu, denn nach der Schule hatte sie eine Lehre absolviert. Ihre Entwicklung in der Phase verlief von: *„Ich* **schau mir** *die Universitäten* **mal an"** über: *„Ich* **probiere mal,** *wie das ist, X zu studieren" hin zu: „Ich* **bin** *Studentin des Faches X".*
>
> *Herr K., promovierter Politologe, stieg nach 12 Jahren Verbandstätigkeit* aus seiner Tätigkeit aus, da er kein weiteres berufliches Fortkommen für sich sah. Nachdem auch er die unterschiedlichen Phasen durchlaufen hatte, verlief sein Weg folgendermaßen: Zuerst **„Ich habe die Gelegenheit,** *für X Wohnungen zu verkaufen" über:* **„Ich habe das Angebot,** *als Geschäftsführer zu arbeiten" und:* **„Ich verdiene** *mein Geld damit" bis hin zu: „Ich* **bin Geschäftsführer"** *und* **„Ich verkaufe Wohnungen".**

In dieser Findungsphase haben Sie sich entschieden, eine oder mehrere beruflich gerichtete Aktivitäten aufzunehmen. Der Umfang ist zunächst nicht so bedeutend. Ein angenehmer Nebeneffekt ist, dass Sie mit einigen Aktivitäten bereits wieder zusätzlich Geld verdienen können. Zu Beginn ist es vielleicht wie zu Schüler- oder Studienzeiten, wenn Sie einen Ferienjob angenommen haben. Sie arbeiten beispielsweise auf Honorarbasis in einer Stiftung, hospitieren regelmäßig bei einem Sender oder in einer Kanzlei, übernehmen einen kleinen Auftrag für eine Werbeagentur, organisieren Veranstaltungen für einen Verein, halten einen Vortrag, oder Sie finden einen Weg, für einige Monate in einem Land Ihrer Wahl tätig zu sein. Die Aufzählung ließe sich

Der Umfang ist unwesentlich

beliebig fortsetzen. Da Sie in der Regel darauf vertrauen können, dass Sie nicht irgendetwas tun, sondern dass Ihre Wahl ein Teilergebnis Ihrer Suche ist, werden Sie feststellen, dass Sie sich mit der Art oder mit dem Inhalt – eventuell auch beidem – Ihrer Betätigung ganz wohl fühlen.

Fünf Faktoren für Zufriedenheit

Wenn Sie Spaß haben und wenn Sie das Gefühl entwickeln, ja, das kann ich, auch wenn ich noch viel dazulernen muss, dann sind Sie sicherlich auf dem richtigen Weg. Es entsteht ein inneres Gefühl von **„Das ist meins".** Dies kann sich beziehen auf

- die Art der Tätigkeit,
- das Berufsfeld,
- die materielle Vergütung,
- die Grade der Freiheit und
- der Verantwortung.

Letzteres beinhaltet beispielsweise selbstständig oder angestellt tätig zu sein sowie das Ausmaß der gewünschten Entscheidungskompetenz.

Wenn alle fünf Faktoren direkt zu Ihrer Zufriedenheit ausfallen: **Gratuliere, Sie sind bereits jetzt angekommen.** Dieser Glücksfall tritt jedoch relativ selten ein. Für alle anderen steht noch eine letzte Phase an.

4.4 Am falschen Platz – was tun?

Noch einige Anmerkungen für den Fall, dass es ganz anders kommt und Sie sich am falschen Platz fühlen. Sie werden merken, dass Ihre Erzählungen über das, was Sie tun, über ca. 2 Monate hinaus eher distanziert oder abwertend bleiben. Dann ist es Zeit nachzuschauen, woran es liegt. Die Zeitangabe kann natürlich nur relativ sein und hängt von der Häufigkeit der jeweiligen Beschäftigung ab. Je mehr Zeit Sie mit einer Beschäftigung verbringen, desto schneller werden Sie merken, ob Sie sich angesprochen fühlen. Wenn eine innere positive Antwort ausbleibt, dann prüfen Sie:

Checkliste 12: Bin ich auf dem richtigen beruflichen Weg? Teil I

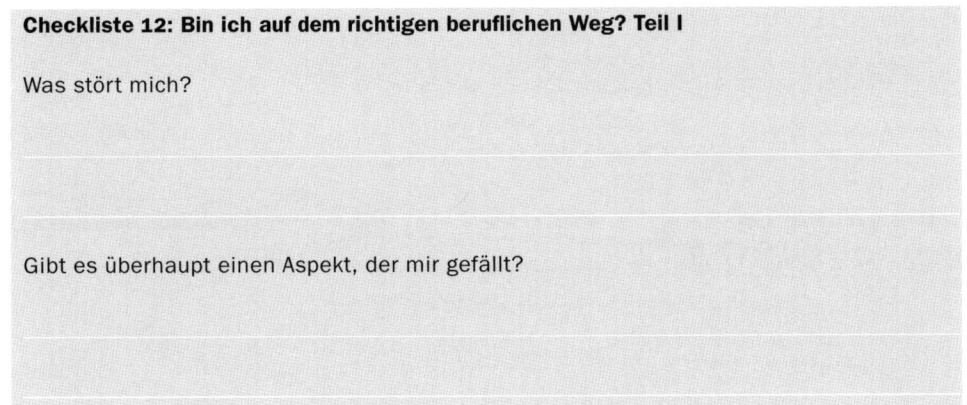

Was stört mich?

Gibt es überhaupt einen Aspekt, der mir gefällt?

Lautet die Antwort auf die letzte Frage definitiv „nein", dann überlegen Sie, in welchem anderen Feld, in welcher anderen Betätigung Sie sich als Nächstes versuchen möchten. Es kommt nicht häufig vor, dass jemand gar nichts mit den selbst gewählten Aktivitäten anfangen kann. Vermutlich möchten Sie zu viel auf einmal.

In den seltensten Fällen werden Sie zu Beginn in ein berufliches Umfeld kommen, in dem alles stimmt. Sie fangen neu an. Vielleicht stimmen ja die Inhalte, aber nicht die Rahmenbedingungen oder umgekehrt.

Jetzt können Sie Erfahrungen machen wie: Ja, verkaufen, vermarkten ..., das möchte ich auch die nächsten Jahre machen. Vielleicht lautet Ihre Erkenntnis: lehren, Zeitungen machen, Dinge entwerfen, Menschen führen, selbstständig sein, im Team arbeiten, in einem anderem Land arbeiten, fotografieren, moderieren, eine Firma aufbauen, eine Firma übernehmen, in einer internationalen Organisation arbeiten oder mit Holz arbeiten ..., das ist es, was ich will. Vielleicht stellen Sie auch fest: Mich fasziniert etwas ganz anderes oder mich interessieren mehrere Alternativen gleichzeitig. Um herauszufiltern, ob Ihre Tätigkeit, Ihre spezielle berufliche Aktivität, in der Sie sich erprobt haben, Sie weiterführt, überprüfen Sie:

Checkliste 12: Bin ich auf dem richtigen beruflichen Weg? Teil II

Was gefällt mir an meinen Aufgaben, dem Bereich usw.?

Wie gefällt mir mein berufliches Umfeld (Vorgesetzte, Kollegen, Strukturen)?

Was für neue Erfahrungen mache ich in dieser Tätigkeit, in diesem Feld?

Was liegt mir? Was macht mir Spaß?

Kann ich mir vorstellen, dass Aspekte an dieser Tätigkeit, auch die nächsten Jahre für mich interessant sein werden? Welche?

Was fehlt mir?

Vielleicht spüren Sie jedoch, dass Sie irgendetwas hemmt, sich einzulassen, Spaß zu haben. Mittlerweile ist Ihnen der Umgang mit Blockaden vertraut. Gehen Sie ihnen mit folgenden Überlegungen auf den Grund.

Checkliste 12: Bin ich auf dem richtigen beruflichen Weg? Teil III

Was gefällt mir überhaupt nicht?

Was müsste anders sein?

Welche Denkschleifen sind aktiv?

Gegen welche innere Regel oder Stimme verstoße ich, wenn ich hier tätig bin?

Wie sieht in diesem Kontext Erfolg aus? Was ist die Währung (Geld, Anerkennung, Status …)?

Was sagen Angehörige und Bekannte zu meiner jetzigen Situation?

Was ist das Schlimmste, was mir hier passieren kann?

Was sagt mein Stolz?

Was sagt meine Scham?

Wenn Sie nicht fündig werden, dann fragen Sie sich ehrlich:

Checkliste 12: Bin ich auf dem richtigen beruflichen Weg? Teil IV:

Bin ich wirklich bereit loszulassen?

Könnte hier der Schlüssel für Ihr Auf-der-Stelle-Treten liegen, dann lesen Sie noch einmal das vorangegangene Kapitel und folgen den dortigen Anregungen. Achten Sie darauf, ob Sie an irgendeiner Stelle einen Widerstand spüren oder widersprechen möchten. Wenn dies zutrifft, lohnt es sich vermutlich für Sie, diesem Impuls auf den Grund zu gehen.

In dieser Form können Sie immer weiter deduktiv das Buch nutzen, um herauszufinden, ob und wenn ja, wie Sie sich selbst austricksen. Ich bin sicher, Sie werden herausfinden, welche Ängste, Regeln, Argumente, Ansprüche, welcher Einfluss relevanter Dritter, welche äußeren Zwänge Sie bewegen, nicht fortzufahren. Wenn Sie Ihre eigene innere Logik und die damit verbundenen Gefühle eventuell mit Hilfe von Freunden erkennen, dann gewinnen Sie erneut Ihre Handlungsfreiheit. Dies ist die Grundlage zu entscheiden, wie Sie weiter vorgehen wollen und können.

4.5 Zusammenfassung: Loslassen, um zu finden

Die so genannte Findungsphase zeichnet sich dadurch aus, dass Sie Ihre Haltung geändert haben: Sie haben in den vorangegangen Phasen vertraute und unbekannte Bereiche, Themen und Konstellationen, die mit Ihrem bisherigen Berufsleben in Verbindung stehen konnten oder auch nicht, mit offenen Augen neu betrachtet. Sie haben Informationen eingeholt und haben festgestellt, welche Gebiete Ihr Interesse wecken und Ihre Energie anziehen. In diesem Prozess haben Sie sich auch innerlich geöffnet, so dass neue Perspektiven für Sie denkbar wurden. Bislang haben Sie sich breit umgeschaut. Nun beginnt in der Findungsphase erneut eine Fokussierung. Sie haben in Ihrem Umfeld Ihr Interesse an einigen Tätigkeiten kundgetan. Die Aufmerksamkeit und Offenheit für Themen, die Sie ansprechen, ist gewachsen. Daher haben Sie einen Weg gefunden, sich in Bereichen, die Sie für sich entdeckt haben, zu versuchen. Sie sind bereit, auf diesbezügliche Ideen einzugehen. In der Regel werden Sie ein „Aha"-Erlebnis haben. Sie stellen neu fest: **Ja, das kann ich, das liegt mir, das passt zu mir, bis hin zu: Das bin ich.**

In der nun folgenden Zielphase setzen Sie Ihre Vorstellungen konkret um. Das notwendige Rüstzeug dazu haben Sie nun. Die neue Welt steht Ihnen deswegen noch nicht offen, sondern Sie müssen sie sich aneignen und erobern. Dazu folgen einige Ideen und Hinweise. Eine mögliche Klippe kann für manchen die Frage darstellen, ob es besser ist, angestellt oder selbstständig tätig zu sein. Auch für diesen Fall finden Sie im Folgenden Entscheidungshilfen.

5. Zielphase

Sie haben sich mittlerweile mit neuen Fähigkeiten und Fertigkeiten in bekannten oder auch weniger bekannten Berufsfeldern erlebt. Es zeichnet sich ab, dass Ihr Vertrauen darauf, dass diese Welt für Sie einen Platz bereithält, sich lohnt. Wenn es Zeit ist, den Aktenvermerk hervorzuholen, wird sich für die meisten von Ihnen bereits eine berufliche Perspektive abzeichnen.

5.1 Auf ein Neues

Nun wissen Sie vermutlich, was Ihnen Spaß macht, was Ihnen relativ leicht von der Hand geht, wofür Sie Leidenschaft entwickeln können.

Was auch immer Sie für sich herausgefunden haben: ob es sich um Gestalten, Lehren, Fotografieren, Schauspielern, Entwerfen, um die Gründung einer Firma, um ein neues Studium, um die Übernahme eines Betriebes, um den Wechsel der Branche mit neuem Verantwortungsbereich handelt, ob Sie die Medienbranche, die Industrie, das Handwerk, den Einzelhandel, die Politik, den sozialen oder den pädagogischen Bereich, den öffentlichen Sektor oder einen Nischenbereich ins Auge gefasst haben, ob Sie angestellt oder selbstständig sein wollen, allein oder mit mehreren, in welcher Rechtsform – Sie haben Ihren Fokus gefunden.

Noch sind Sie vermutlich nicht ganz angekommen. Natürlich stellt die vorangegangene Aufzählung nur einen Ausschnitt der Möglichkeiten dar, unterteilt nach Art der Tätigkeit, Berufsfeldern und Form. Der nächste Schritt besteht darin, die vorhandenen Ideen umzusetzen sowie die Aufgabenfelder auszubauen, in denen Sie bereits tätig sind: Ihre berufliche Zukunft zu (er-)schaffen.

Zielphase bedeutet, Sie wissen, was Sie können, Sie wissen, was Sie brauchen, und Sie wissen, was Sie wollen und in welche Richtung es geht. Mit diesem Wissen und Ihren Zielvorstellungen gehen Sie in die (Arbeits-)Welt bzw. auf den Markt.

Einige werden ihre Ziele schnell verwirklichen. An diesem Punkt angelangt, sind alle zumindest in der Lage, sowohl ein **konkretes** Angebotsprofil von sich selbst zu erstellen wie auch die anvisierte Tätigkeit/Stelle zu beschreiben. In der folgenden Checkliste können Sie beide Vorstellungen zusammenfassen.

Checkliste 13: Wie stelle ich mir mein neues berufliches Leben vor?

Ich bin jemand, der erstens

zweitens

drittens gut kann.

Es macht mir Freude

zu tun.

Erfahrungen für meinen neuen Bereich konnte ich bereits in folgenden Zusammenhängen

sammeln.

Aus meiner früheren Tätigkeit, aus anderen Erfahrungen bringe ich folgende Fähigkeiten mit, die mich besonders befähigen:

Ich möchte in folgendem Feld/Bereich tätig sein

weil

Dort möchte ich Folgendes tun, einbringen, verwirklichen:

bzw. beschäftigt sein als:

Mich befähigt dafür insbesondere ...

Meine Anforderungen an meine neue Tätigkeit sind

Ich möchte allein/im Team tätig sein, Größe des Teams?

In welchen Strukturen?

Wichtig ist mir:

Alternativ: Ich habe folgende Idee entwickelt:

Ich mache mich selbstständig als:

Meine Kunden sind:

Meine Kunden haben folgenden Nutzen von meiner Leistung:

Um meine Idee umzusetzen/mich selbstständig zu machen, brauche ich:

a) _____ € Kapital. Ich selbst habe _____ €, den Rest bekomme ich von _____

b) Geschäftspartner, weil ... _____

   Diese finde ich _____

c) Folgende Mitarbeiter, weil ... _____

d) Folgende Geräte, Maschinen und sonstige Anschaffungen, weil ...

Meine Kunden erfahren von mir durch:

_____

Fragen an alle, unabhängig ob Selbstständigkeit oder Angestelltendasein angestrebt wird:

Mein Einkommen muss bzw. soll _____ im ersten Jahr betragen (Minimum).

In fünf Jahren sollte die Summe von _____ erreicht werden.

Dafür bin ich bereit, mich wöchentlich _____ Stunden zu engagieren.

Freizeit hat für mich im Verhältnis zur beruflichen Tätigkeit folgenden Stellenwert

_____

Mein Ziel ist für mich jetzt _____

In drei Jahren möchte ich _____

_____ erreicht, verwirklicht haben.

Um meine Ziele, Vorstellungen umzusetzen, werde ich folgende Schritte unternehmen:

1. _____

2. _____

3. _____

Diese Liste ist wieder als Anregung zu verstehen. Nehmen Sie sich mindestens zwei Stunden Zeit und antworten Sie so genau wie möglich. Ihnen wird vermutlich viel mehr einfallen, was Sie auszeichnet, was Sie anbieten können und welche Ansprüche Sie an eine neue Tätigkeit haben, als früher. Ergänzen Sie die Liste nach Ihrem Bedarf, da sie notwendigerweise allgemein gehalten ist. Eine solche Aufstellung Ihrer Fertigkeiten kann Ihnen als Basis dienen, wenn Sie Ihre Kontakte weiter pflegen, wenn Sie nun an die Verwirklichung Ihrer Pläne gehen. Sicherlich haben Sie sich branchenkundig gemacht und wissen über die üblichen Rahmenbedingungen Bescheid. Beachten Sie immer wieder, dass Sie der Neue sind.

Ein Freund, der dieses Buch gelesen hat, meinte: „Eigentlich sind Menschen in der Zielphase an dem Entwicklungspunkt angekommen, an dem andere sind, wenn Sie einfach einen neuen Job in ihrem bisherigen Feld suchen. Gegebenenfalls greifen die Betreffenden dann zu einem guten Karriereratgeber." Dies trifft auf den ersten Blick zu. Sie haben jedoch bereits jetzt weitaus mehr geleistet:

Sie haben an sich selber gearbeitet und einen persönlichen Entwicklungsprozess durchlaufen. Ganz nebenbei haben Sie mit großer Wahrscheinlichkeit Ihre Soft Skills verbessert. In den vorangegangenen Monaten haben Sie viel über sich erfahren und sind daher beispielsweise in der Lage, Ihre Energie als Indikator für Ihre Entscheidungen zu nutzen. Werte und Wichtigkeiten für Ihr weiteres Leben haben Sie neu bestimmt. Weiterhin haben Sie sich im Umgang mit eigenen Blockaden geschult. Diese Kenntnisse werden Sie im beruflichen Bereich immer wieder anwenden können und vermutlich nicht nur dort. Ihre Stärken und Schwächen haben Sie herausgefunden. Ihren potenziellen Markt haben Sie ebenfalls analysiert und verschiedene Kontakte aufgebaut und gepflegt. In der Regel haben Sie schon längst in dem für Sie interessanten Feld den Fuß hineingesetzt und betätigen sich dort.

Sie wissen oder sind auf dem besten Wege dahin, was Sie beruflich wirklich interessiert, welche Tätigkeit zu Ihnen passt, was Ihnen Sinn gibt. Dies ist eine Menge mehr, als viele Menschen jemals erreichen. **Sie haben sich nach Ihrem Bedarf praxisnah weitergebildet.**

Seinen Weg machen bedeutet, viele Schritte zu tun

Es stimmt schon, dass einige noch ein Stück Arbeit vor sich haben. Jetzt geht es darum, die Stelle zu finden, in der Sie Ihr neues berufliches Profil ausüben können. Für den einen bedeutet das, eine entsprechende Anstellung zu finden, für den anderen, seine Dienstleistung anzubieten oder seinen Betrieb zu gründen. Sie werden sich gegebenenfalls um Kredite kümmern müssen, Sie werden Ihre Unterlagen oder Arbeitsproben einreichen und einen Businessplan erstellen. Wenn Sie erst so weit sind, dann können Sie die notwendigen Informationen in Büchern, themenspezifischen Seminaren, Kammern, Vereinen usw. erhalten.

Jeder von Ihnen hat seinen eigenen Rhythmus und wird daher unterschiedlich schnell seine Ziele erreichen. Sie haben jedoch einige große Vorteile gegenüber anderen: Ihre jetzigen beruflichen Interessen decken sich mit dem, was Sie tun wollen, selbst wenn Sie dazu über mehrere Teilziele gehen müssen. Das müssen Sie vermutlich. Sie sind Quereinsteiger und fangen somit im neuen Feld nahezu von vorne an. *Ihr Vorteil*

Nehmen Sie wie bisher auch kleinere Aufgaben an, damit vergeben Sie sich nichts. Weder falscher Stolz noch der Hinweis auf Alter oder vormaligen Status sollte Sie daran hindern, Ihre Wünsche und Ziele zu erreichen. Manche Tätigkeiten sind finanziell relativ uninteressant, sind jedoch für den Lebenslauf oder aufgrund der zu gewinnenden Erfahrung wichtig. Das gilt für Lehraufträge genauso wie für Praktika, Hospitationen, ehrenamtliche Aktivitäten, Hilfstätigkeiten und kleine Aufträge. Wichtig ist, Erfahrungen in und Kontakte zu dem Berufsfeld, das Sie anstreben, auszubauen und weitere hinzuzugewinnen. *Zielgerichtet kleine Aufgaben annehmen*

Als Profi wieder klein anfangen

Für diejenigen unter Ihnen, die sich damit schwer tun, möchte ich meinen Vorschlag erläutern. Bereit zu sein, „klein anzufangen", erweist sich oft als Voraussetzung, um unsere Pläne zu verwirklichen. Mit kleinen Aufgaben anzufangen erleichtert uns häufig das Einarbeiten in einen neuen Bereich. Das soll kein Dauerzustand bleiben. Ich empfehle Ihnen, sich einen Platz zu schaffen, von dem aus Sie agieren können. Das wird Ihnen fast immer leichter fallen, wenn Sie als Teil eines Systems, einer Organisation gesehen werden oder mit einer bestimmten Aufgabe *Eigene Chancen erhöhen* betraut sind. Es macht einen großen Unterschied, ob Sie privat als Herr X bzw. Frau Y oder ob Sie als Mitglied vom Sportverein, als Funktionär einer Organisation, als Vertreter einer Firma oder in der Funktion des Regieassistenten anrufen.

Die Einbettung in einen Kontext weist Sie für andere als „zugehörig" und „kompetent" aus.

Auf diesem Hintergrund werden Sie in dem Kontext selbst als Interner eingeordnet. Daraufhin erfahren Sie wahrscheinlich mehr, werden eher an andere weiterempfohlen als jemand, der fremd und von außen kommt.

Ihre Chancen, auf sich aufmerksam zu machen, haben Sie damit eindeutig erhöht. Sie haben im Laufe der beruflichen Neuorientierung Ihre Interessen ermittelt und sind von Ihren Ambitionen überzeugt. Dies wird sich auch auf andere Menschen übertragen. Es ist eine alte Erfahrung. **Wenn Sie überzeugt sind, dann können Sie auch andere überzeugen.** Begeisterung wirkt ansteckend – und Sie sind für diese Arbeitswelt besser gerüstet als viele Ihrer potenziellen Konkurrenten.

Zurück zu Elke. Was ist aus ihr geworden?

Angekommen

Rückblickend stellte Elke fest: Sie hatte durch ihre berufliche Neuorientierung persönlich wie beruflich profitiert.

War in den Jahren vor ihrem Ausstieg die Sprache auf einen Wechsel der Tätigkeit gekommen, kam dies für sie einem Verrat ihrer Ideale gleich. Die Verabschiedung von ihren Delegationen hatte ihr ermöglicht, sich beruflich für Bereiche zu öffnen, die sie vorher abgelehnt hatte. Sie war froh, dass sie ihre bisherige Berufslaufbahn trotzdem weiter wertschätzen konnte. Es blieb kein fader Geschmack zurück. Ihr Wissen und ihre Erfahrung blieben Ressourcen für ihr weiteres Berufsleben.

Elke hat sich auf Konfliktmanagement in mittelständischen Unternehmen spezialisiert. Über ihre Kontakte aus der Fortbildung wurde sie zunächst angefragt, einen Kollegen bei seiner Arbeit in einem Unternehmen zu unterstützen. Sie war gut, und so bekam sie Folgeaufträge und wurde weiterempfohlen. Es entstand eine Perspektive. Elke nutzte sie. Um sich voll in diesem Feld engagieren zu können, beantragte sie für wenige Monate Überbrückungsgeld beim Arbeitsamt.

Mittlerweile kann sie von dieser Tätigkeit gut leben. Weiterhin ist Elke als Fachjournalistin für Management- und Personalführungsfragen recht erfolgreich tätig, was ihr viel Spaß macht.

Elke arbeitet konkret mit Menschen und hat ein Forum gefunden, um psychologische Sichtweisen und Wissen anderen Berufsgruppen zugänglich zu machen. Schon immer hatte sie bevorzugt in interdisziplinären Gruppen gearbeitet bzw. sich mit übergreifenden Themen beschäftigt. Ihr Bezug zu Menschen und ihr klarer Blick für Institutionen spiegeln sich in ihren Artikeln wider. Darüber hinaus hat sie sich ihren Jugendtraum, „Journalistin zu werden", erfüllt.

Nach ihrer Auszeit steht sie wieder mit beiden Beinen im beruflichen Leben. Elke scheint Geschmack an dem Prozess gefunden zu haben. So spielte sie letztens mit den Gedanken, sie könnte sich durchaus vorstellen, in ca. 10 Jahren wieder etwas Neues auszuprobieren. Vielleicht Lektorin zu werden bzw. PR könnte sie z.B. auch reizen, vielleicht für eine Management-Akademie ...?

Bis dahin ist ja noch etwas Zeit.

Die Zweigleisigkeit von Elke ist einerseits in unserer Gesellschaft weit verbreitet, also typisch, und sie entspricht ihr, da sie seit ihrer Studienzeit mehreres gleichzeitig gemacht hat. Ihren Karriereanker „Unabhängigkeit" finden wir in beiden Tätigkeiten wieder. Elke hat passenderweise eine Wahl getroffen, in der ihre Werteorientierung durchaus Platz hat. Im weitesten Sinne treffen wir solche Patchworkprofile besonders häufig unter Freiberuflern an. Es ist eine mögliche Ausprägung, nicht jedoch Standard.

Alte Gestalten haben sich geschlossen, ein früherer Wunsch war so lebendig, dass sie ihn wahr gemacht hat. Mit dem Moderieren von Konflikten war sie schon seit der Schulzeit beschäftigt. Die Energie dafür ist offensichtlich geblieben, sodass es zum Beruf wird. Elke hat berufliche Tätigkeiten gefunden, die zu ihr passen, die mit ihrer Person in Einklang stehen Der leicht scherzhafte Ausklang weist darauf hin, dass Beraterin und Journalistin nicht der Weisheit letzter Schluss sein müssen. Vielleicht steht für Elke in 10 Jahren wirklich wieder eine neue Herausforderung, an. Dann ist sie Anfang 50, warum also nicht auf ein Neues?

Das war Elkes Resümee, welches ist Ihres?

Ein solcher Neuorientierungsprozess ist aufregend – oder? Was ist Ihre Bilanz? Persönlich? Beruflich? Dieser Prozess war bzw. ist sicher nicht einfach. Doch überlegen Sie einmal ehrlich:

Was wäre Ihre Alternative? Die nächsten 10, 20, ja 30 Jahre halbherzig weitermachen? Im Laufrad auf der Stelle treten? Sich immer mehr anpassen? Wieder und wieder mit dem Gefühl in die Firma gehen, eigentlich etwas anderes tun zu wollen? Jahre später dann eventuell mit dem Gefühl leben: Ich habe meine Chancen verpasst, ich habe mich nie wirklich ausprobiert?

Zugewinn von neuen Fähigkeiten

Schauen Sie sich das Phasenmodell (S. 14) noch einmal an und ordnen Sie sich dort ein. Sie haben eine Idee von sich in der Zukunft in einem neuen Bereich, in neuen Funktionen, mit neuen Tätigkeitsmerkmalen, beispielsweise als Anlageberater, als Maler, als Lehrer, als Manager, als Geschäftsfrau. Ihre Kenntnisse und Fertigkeiten aus Ihrer früheren Berufstätigkeit sind Ihnen weitgehend geblieben, neue haben Sie hinzugewonnen und ausgebildet. Ihre Angebotspalette ist in der Regel breit und ausgewählt. Sie haben eine neue berufliche Identität gefunden und leben sie bereits, bzw. Sie wissen, wohin Sie wollen.

5.2 Angestellt oder selbstständig – Hund oder Wolf?

Für einige von Ihnen wird es noch einmal besonders aufregend, wenn es darum geht, angestellt oder selbstständig tätig zu sein. Unsicherheiten und Ängste treten insbesondere dann auf, wenn bisher aufgrund der eigenen Erfahrungen oder aufgrund der Familientradition eine Form eindeutig präferiert wurde. Es macht einen Unterschied, ob Sie in einem Geschäftshaushalt aufgewachsen sind oder ob Ihre Eltern angestellt tätig waren. Die jeweilige Denkart und Haltungen haben Sie bereits als Kinder mitbekommen und als normal verinnerlicht. Ein Wechsel ins andere Lager ist häufig mit Verunsicherung und Vorbehalten verbunden. Für Elke war diese Entscheidung noch einmal richtig schwierig. Sie machte ihr große Angst. Was konnte nicht alles passieren. Elke hatte diverse schlaflose Nächte, bevor sie sich für die Selbstständigkeit entschied.

Übung

In Anlehnung an Bernhard Waldenfels (Ordnung im Zwielicht, Suhrkamp 1998) möchte ich Ihnen eine ungewöhnliche Frage stellen, die bisher manchem in dieser Situation die Entscheidungsfindung erleichtert hat: *Gehören Sie zu den Hunden oder zu den Wölfen?*

Zur Wahl stehen zwei Arten, die miteinander verwandt sind und die doch sehr unterschiedlich leben. Um im Bild zu bleiben, Exemplare beider Arten können stark, schlau, schön, aber auch dumm und hässlich sein. Versetzen Sie sich nun in dieses Bild hinein.

Für die weiteren Überlegungen schlage ich Ihnen vor, sich zwei gleichwertige Exemplare vorzustellen. Beschreiben Sie diese beiden nach Rasse, Größe und was ihnen sonst noch wichtig erscheint. Hund und Wolf veranschaulichen den Unterschied zwischen Angestelltem und Selbstständigem, denn sie symbolisieren ihre unterschiedliche Lebens- und Überlebensbedingungen. Keine der beiden Arten ist von Natur aus besser oder schlechter dran. Es heißt zwar „Leben wie ein Hund", nur – manche Hunde leben recht gut. Die Wahl kann Ihnen niemand abnehmen. Aber ich möchte Ihnen für diese Entscheidung Kriterien und Hilfen an die Hand geben.

Hund

Ein Hund, selbst ein Leithund, ist gezähmt und gehört zu jemandem, der von ihm in der Regel bestimmte Leistungen und Loyalität erwartet. Dafür wird er versorgt, er bekommt Futter und eventuell auch Streicheleinheiten. Die Aufgaben, wie Herde führen, Besitz schützen, Blinde begleiten, Menschen ersetzen, werden ihm weitgehend zugewiesen. Er lebt alleine oder zu mehreren, manchmal wird er wie ein Familienmitglied, manchmal wie ein reines Arbeitstier behandelt.

Wolf

Der Wolf hingegen muss sich für sein Fressen und sein Überleben selbst umtun. Er kann sich allerdings mit seinesgleichen in einem Rudel zusammenschließen. Das Leben wird weitgehend durch die Gegebenheiten der Umwelt und der Geschicklichkeit des Wolfes, sie zu nutzen, bestimmt. Kein fremdes Wesen macht ihm Vorschriften. Er ist de facto nicht an Zeiten, an eine Uhr gebunden und kann herumstreifen. Niemand sorgt für ihn, dafür ist er alleine zuständig. Manchmal ist der Winter bitter kalt. Manchmal hat er Hunger, und es ist nicht sicher, ob sich das am nächsten Tag ändern wird. Gegen Feinde muss er sich und sein Revier schützen.

Übertragen wir nun das Hundebild auf die Angestelltentätigkeit. In dieser Beschäftigungsform gehen wir bis jetzt ein Tauschgeschäft ein: In einer festgelegten Zeit stelle ich meinem Arbeitgeber meine Arbeitskraft zur Verfügung. Um Aufgabenbereiche und Entscheidungsbefugnisse muss ich mich weitgehend nicht kümmern. Sie werden mir zugeteilt. Wenn ich Glück habe, wird meine Leistung anerkannt, und ich werde motiviert, besser zu werden. Meist bin ich nicht alleine, was sich oft als gut erweist. Am Ende des Monats erhalte ich im Gegenzug meinen Gehaltsscheck. Woher das Geld kommt, ist in der Regel nicht meine Sorge.

Das Wolfsbild führt uns einen anderen Berufsentwurf vor Augen. Bin ich selbstständig tätig, dann muss ich selbst für mein Überleben sorgen. Ich muss mein Umfeld immer genau im Blick haben, um sicherzustellen, dass ich am Markt überleben kann. Ob Produkt oder Dienstleitung, das, was ich biete, muss nachgefragt werden, sonst erhalte ich kein Geld. Den Markt teile ich mir mit anderen, die Ähnliches anbieten. Ich kann versuchen, Sie auszustechen, mir eine Nische suchen oder mich aus Interessengründen mit anderen zusammenzuschließen. Egal welche Entscheidung ich treffe, ich kann die Verantwortung für das jeweilige Resultat nicht auf andere abwälzen. Niemand wird für mich sorgen. Meine Absicherungen muss ich selbst treffen. Alle Belange muss und kann ich dann eigenständig regeln, einschließlich meiner Zeiteinteilung.

Um zu entscheiden, zu welcher Gruppe Sie gehören (wollen), erscheint es hilfreich, sich immer wieder den Preis, den Sie jeweils zahlen, vor Augen zu führen.

Gehören Sie zu den „Hunden", dann **zahlen Sie für Sicherheit und letztendlich weniger Verantwortung mit der Aufgabe von Selbstbestimmung. Im umgekehrten Fall besteht der Preis darin, für mehr Selbstbestimmung die Verantwortung für das Überleben und für alle Aktivitäten voll zu übernehmen und mit der Unsicherheit zu leben.**

Das individuelle Austarieren zwischen Autonomie und Abhängigkeit ist psychologisch gesehen immer wieder eine Herausforderung an jeden Einzelnen von uns, privat wie beruflich. Die Frage stellt sich bei der Entscheidung, angestellt oder selbstständig, erneut.

„Der Rock des öffentlichen Dienstes ist eng, aber warm", lautete früher ein plakativer Spruch, der in abgewandelter Form sicherlich auf viele größere Betriebe zutraf. Mittlerweile wird das damit verbundene Versprechen selbst im öffentlichen Dienst nicht mehr uneingeschränkt eingehalten. In vielen anderen Bereichen wurde die Loyalität der angestellten Mitarbeiter bereits frustriert. Handlungsspielräume wurden zurückgenommen, so dass die vertragsgemäß vorhandenen Abhängigkeiten erneut offensichtlich wurden. Die Sicherheit für Arbeitnehmer ist in den letzten Jahren vielfach fiktiv geworden. Das sollten Sie in Ihr Kalkül ziehen. Was ist schon sicher? Dennoch, angestellt tätig zu sein beinhaltet mehr als die Idee der Sicherheit. Es bedeutet eben auch, sich um weniger kümmern zu müssen und dadurch eventuell mehr Freiraum zu haben.

Fiktive Sicherheit

Selbstständig oder angestellt tätig zu sein bedingt eine entsprechende berufliche Identität. Selbst Personen, die große Betriebe als Geschäftsführer oder in vergleichbarer Funktion geleitet haben, scheinen Schwierigkeiten zu bekommen, wenn Sie Betriebe auf eigene Rechnung übernehmen. In die Identität als Unternehmer müssen sie häufig erst hineinwachsen. Für diejenigen, die damit groß geworden sind, ist das kein Thema. Sie haben die Haltung eines Unternehmers quasi mit der Muttermilch eingesogen, die andere erst (mühsam) entwickeln müssen. Firmeneigner, die sich aufgrund von Unternehmensübernahmen in der Rolle des leitenden Angestellten wieder finden oder deren Befugnisse durch Hinzuziehung von Partnern eingeschränkt wird, tun sich mit der neuen Rolle häufig ebenfalls schwer.

Verschiedene
berufliche Identitäten

Als zusätzliche Anregung für Ihre Überlegungen kann Ihnen die folgende Checkliste dienen. Mithilfe der Fragen können Sie sich bewusst machen, inwieweit familiäre Regeln oder innere Stimmen Ihre Entscheidung beeinflussen. Darüber hinaus gibt sie Ihnen Ideen, welche Sicherungsnetze Sie je nach Entscheidung einziehen können. Das gibt Ihnen mehr Spielraum: Sie können wieder zurück.

Checkliste 14: Möchte ich lieber angestellt oder selbstständig arbeiten?

Stellen Sie eine Liste aller familiären Regeln auf, die sich auf *angestellt* oder *selbstständig sein* beziehen:

Überprüfen Sie diese an Ihrer Realität.

Was möchte ich in meinem beruflichen Leben verwirklichen?

Was ist für mich wichtig und unverzichtbar?

Was ertrage ich schlecht?

Was ist das Schlimmste, was mir passieren kann, wenn ich selbstständig/ angestellt arbeite? (Bei Bedarf für beide Optionen)

Wie viel Zeit gebe ich mir für meinen Versuch? Was bin ich bereit einzusetzen?

Unter welchen Bedingungen werde ich nicht länger angestellt arbeiten bzw. meine Selbstständigkeit aufgeben?

Was darf nicht geschehen?

Wann bin ich im Gegensatz dazu erfolgreich?

Welche Rahmenbedingungen sind für mich bei einer angestellten/selbstständigen Tätigkeit unverzichtbar?

Bei angehender Selbstständigkeit: Welche Rückkehrmöglichkeiten kann ich vereinbaren? (Z.B. Beurlaubung, Einsatz eines Sabbatjahres, Absprachen mit dem Partner, bei Existenzgründung aus der Arbeitslosigkeit: Fristen für Rückkehr in die Sozialsysteme beachten)

Mit beiden Tätigkeitsformen sind Haltungen verbunden. Es ist nun an Ihnen, vielleicht auch unter Hinzuziehung von Freunden, herauszufinden, was Ihres ist.

Bei Verunsicherung

Es handelt sich um eine wichtige Entscheidung mit möglichen Konsequenzen. Sie wissen es natürlich längst: Angesichts großer emotionaler Umstellungen mit Verunsicherung zu reagieren gehört dazu. Seien Sie versichert, in dem vorangegangen Prozess sind die Weichen schon längst in die eine oder andere Richtung gestellt worden.

Vergessen Sie die Stoppschilder nicht. Der Einsatz kann hilf- *Stoppschilder* reich sein, wenn Sie merken, dass Sie Gedanken voller Vorbehalte oder Angst bestürmen. Da Sie mittlerweile diverse Abwehrprozesse durchgestanden und sich in dieser Hinsicht auch kennen gelernt haben, können Sie auf diese Erfahrungen zurückgreifen und werden einen konstruktiven Umgang damit entwickeln.

159

Manch einer von Ihnen, der diese Zeilen liest, ist vielleicht noch im Entscheidungsprozess und überlegt, ob er eine zweite Karriere wagen soll. Ich hoffe, auch für Sie zeichnet sich nach dem Lesen des Buches ein Weg ab und die Ambivalenz konnte gemindert werden.

5.3 Zusammenfassung: Bewusste Entscheidung

Nun kann ich Ihnen nicht viel mehr mit auf den Weg geben. Sie haben die Chance genutzt, Ihren beruflichen Lebensweg noch einmal zu überprüfen und gegebenenfalls Alternativen zu entwickeln. Damit diese im Einklang mit Ihnen stehen, haben Sie sich auf einen persönlichen Entwicklungsprozess eingelassen. Bezogen auf Ihre beruflichen Perspektiven haben Sie daraufhin eine bewusste Entscheidung getroffen. Unabhängig, ob Sie sich beruflich ganz neu orientiert haben, in ähnlichen Feldern mit anderen Schwerpunkten tätig sein werden oder ob Sie überwiegend in Ihrem vorherigen Rahmen agieren wollen – Sie haben Ihren weiteren beruflichen Weg nicht einfach aus Gewohnheit weitergeführt, sondern haben Ihre berufliche Entwicklung neu definiert. **Sie haben selbstbestimmt gewählt, was Sie mit und in Ihrem Leben machen wollen.**

Dazu kann man nur gratulieren!

Anhang

1. Der Coach als Lotse bei einer beruflichen Neuorientierung

Braucht man einen Coach bei einer beruflichen Neuorientierung?

Zunächst möchte ich darauf hinweisen, dass es nicht zwingend erforderlich ist, einen Coach bei einer beruflichen Neuorientierung an der Seite zu haben. Aber einen zu haben, und sei es auch nur punktuell, kann sehr hilfreich sein. Dies gilt sowohl für Sie, die es direkt betrifft, wie in der Regel indirekt auch für Ihre Angehörigen. Es entlastet Ihr Umfeld, wenn Sie im Bedarfsfall auf eine professionelle Unterstützung zurückgreifen können.

Welche Rolle hat ein Coach bei einer beruflichen Neuorientierung?

Den Begriff Coach kennen die meisten vom Sport. Gemeint ist damit eine Person, die die Aufgabe hat, den Sportler mental und psychisch in die Lage zu versetzen, mit seinen Befindlichkeiten umzugehen, damit er gewinnen kann. Dies kann ein Trainer sein, jedoch wird bei Hochleistungssportlern häufig für diese Aufgabe eine zusätzliche Person eingesetzt.

Seit einigen Jahren wird der Begriff Coaching auch in der Berufswelt verwendet. Die Tatsache, dass auch Führungskräfte zur Bewältigung neuer Aufgaben und komplexer Probleme Unterstützung brauchen, führt dazu, dass externe Berater nachgefragt werden. Bei der Entwicklung von Berufsrollen und -funktionen werden Menschen durch einen Prozess begleitet. Der Coach ist ein Prozessberater, der keine vorgefertigten Lösungen gibt. Sie werden stattdessen gemeinsam entwickelt. Der Coach ist ein kompetenter Feedbackgeber, der Ihnen als Berater (von außen, ohne eigene Interessen) seine Erfahrung und seine Sicht der Dinge zur Verfügung stellt. Dabei sichert er Ihnen selbstverständlich seine Diskretion zu. Die Förderung der Persönlichkeitsentwicklung ist dabei integraler Bestandteil. Den Prozess selbst bezeichnet man als Coaching.

Berufliche Neuorientierung kann man mit einem Aufbruch in ein für Sie unbekanntes Land oder fremdes Gewässer vergleichen. Die Funktion des Coachs ist der eines Lotsen sehr ähnlich. Er hilft, Klippen zu umschiffen, Unterströmungen zu erkennen, und weiß, wo freie Fahrt angesagt ist. Dabei berücksichtigt er, dass jedes Schiff anders im Wasser liegt und zum Wind steht. Dies gibt erfahrungsgemäß ein Gefühl von Sicherheit. Es beruhigt, gerade wenn kein Land in Sicht ist und Sie zu zweifeln beginnen, ob denn alles so richtig ist.

Wie oft und wo trifft man seinen Coach?

Das hängt von Ihnen ab. Sie holen sich Ihre Unterstützung immer dann, wenn Sie denken, dass Sie eine brauchen. Anders als in einer Therapie gibt es selten einen regelmäßigen Termin. Sie treffen sich also in unregelmäßigen Abständen, z.b. alle drei Wochen, monatlich, alle zwei Monate oder nach Bedarf. In der Regel werden mindestens zwei Stunden angesetzt. Die Dauer kann, je nach Komplexität des Themas, auch länger veranschlagt werden. Coachingsitzungen sind nicht an einen festen Ort gebunden. Sie können in einem Restaurant genauso wie in einer Praxis stattfinden. Im Einzelfall können Sitzungen auch telefonisch abgehalten werden.

Was muss man bei der Wahl eines Coachs beachten?

Die Berufsbezeichnung ist bis jetzt nicht geschützt, das heißt, Coach kann sich jeder nennen. Die meisten seriös tätigen Coachs kommen entweder aus dem betriebswirtschaftlichen Spektrum oder aus therapeutischen Berufen. Da es sich bei einer beruflichen Neuorientierung, wie ich sie verstehe, um einen Identitätsprozess handelt, halte ich es für wichtig, dass ein Berater ausreichend therapeutisch qualifiziert ist. In diesem Buch habe ich beschrieben, wie Blockaden entstehen und wirken. Sie erinnern sich vermutlich an Elkes kleines Mädchen in einem steinernen Raum mit vielen Türen. Im Rahmen einer beruflichen Neuorientierung werden häufig Ängste und Abwehrprozesse mobilisiert. Um hier angemessen intervenieren zu können, bedarf es seitens des Coachs eines therapeutischen Verständnisses und einer entsprechenden Ausbildung.

Überprüfen Sie, ob es für Sie eine eindeutige Präferenz für die Arbeit mit einem Mann oder einer Frau gibt. Wenn Sie Unterstützung wünschen, ob über einen längeren Zeitraum oder punktuell, dann machen Sie ein Vorgespräch aus. In diesem wird die Ist-Situation erhoben und die gegenseitigen Erwartungen abklärt. Nehmen Sie die Gelegenheit wahr und erkundigen Sie sich nach den bisherigen Erfahrungen und Ausbildungen des jeweiligen Beraters und seinem Selbstverständnis als Coach. Welche Erfahrungen hat er mit beruflicher Neuorientierung? Die Arbeitsweise des Coachs muss für Sie nachvollziehbar und transparent sein. Prüfen Sie, ob Sie zu diesem Menschen, der vor Ihnen sitzt, Vertrauen haben und sich unterstützen lassen können. Neben der Qualifikation ist dies **das** entscheidende Kriterium. Was hilft Ihnen ein bekannter Name, viele Referenzen, wenn Sie **ihn** oder **sie** unsympathisch finden? Wenn Sie unsicher sind, vereinbaren Sie ein zweites Gespräch. Gegebenenfalls wird auch der Berater ein zweites Gespräch vorschlagen, Coaching ist immer eine Arbeit auf Gegenseitigkeit. Ein seriöser Coach wird seinerseits prüfen, ob er bereit ist, sich auf Sie einzulassen.

Sie bestimmen, was das Ziel des Coachings ist. Der Berater kann entsprechend den Auftrag annehmen oder ablehnen. Coaching ist immer zeitlich begrenzt. Sollte das Problem oder die Aufgabe, für die Coaching in Anspruch genommen worden ist, gelöst oder die Zeit abgelaufen sein, dann ist dieser Prozess beendet. Sollte weiterer Bedarf bestehen, werden Ziel und Modalitäten erneut ausgehandelt. Die Bezahlung erfolgt nach Stunden. Es gibt weder ein Erfolgshonorar noch Prämien. Die Bezahlung entspricht in der Regel den Stundensätzen anderer freier Berufe. In der Regel reicht eine mündliche Vereinbarung.

Wie findet man einen passenden Coach?

Wie bei vielen freien Berufen ist Mund-zu-Mund-Propaganda ein guter Weg, um an Adressen zu kommen. Darüber hinaus finden Sie weitere Adressen im Internet z.B. unter www.rauen.de.

2. Informationen für Angehörige

Erfahrungsgemäß sind auch Partner von Ihrer Entscheidung für eine berufliche Neuorientierung betroffen. Der Partner erlebt die Veränderungsprozesse mit. Nur, seine Situation ist eine andere. Die folgenden Erläuterungen richten sich nun an Ihre Lebensgefährtin/Ihren Lebensgefährten.

Partner erleben den Prozess oft hautnah mit. Sie sind in der Regel die Ersten, die die Stimmungsschwankungen abbekommen. In einer gut funktionierenden Beziehung sind sie diejenigen, die auffangen und auch ertragen. Bei vielen Klienten konnte ich beobachten, wie wichtig der Beistand und das Zutrauen des Partners und der Familie für die Betreffenden war. Genauso habe ich gesehen, wie schwierig es werden kann, wenn das nicht der Fall ist. Als Angehörige sollten Sie darüber informiert sein, was es mit einem solchen Prozess der beruflichen Neuorientierung auf sich hat. Es darf schließlich nicht vernachlässigt werden, dass Sie als direkte Angehörige mit betroffen sind. Daher sollten auch Sie sich Ihre Bedürfnisse und eventuellen Vorbehalte bezüglich der anstehenden Veränderungen bewusst machen und formulieren.

Eine berufliche Neuorientierung beeinflusst vermutlich jede Paarbeziehung zwangsläufig. In der Regel bedeutet ein solcher Prozess jedoch nicht nur Belastung, sondern stellt eine Bereicherung für Ihre Beziehung dar. So können Sie selbst viele neue Anregungen erhalten. Um mögliche Missverständnisse weitgehend zu vermeiden, sind Absprachen dringend erforderlich.

Was ist zu Beginn dieses Prozesses zu beachten?

Ihre Partnerin, Ihr Partner ist mit seiner/ihrer beruflichen Situation unzufrieden. Die Gründe können sehr verschieden sein. Er (im weiteren Verlauf werde ich mich aus Gründen der Lesbarkeit wie bereits im Haupttext auf die männliche Schreibform beschränken, es ist natürlich auch immer das weibliche Geschlecht gemeint) überlegt auszusteigen bzw. hat sich schon innerlich dazu entschieden.

Sie sollten sich Ihrerseits überlegen, wie Sie zu diesem Projekt Ihres Partners stehen.

Checkliste 15: Mein Lebenspartner orientiert sich neu. Wie stehe ich dazu?

Was halte ich von dem Vorhaben meines Partners?

Was hat er mir gesagt?

Was glaube ich, warum macht er das?

Finde ich den Schritt unterstützenswert?

Was sage ich Freunden über das Vorhaben des Partners?

Was sage ich Fremden über das Vorhaben des Partners?

Stehe ich selbst hinter diesem Vorhaben?

Was macht mir in diesem Zusammenhang Sorgen?

Bin ich neidisch, wenn ich mir vorstelle, dass mein Partner sich eine Auszeit nimmt?

Wenn nein, warum eigentlich nicht?

Brauche ich eine Sicherheit, eine Gegenleistung, damit ich meinen Partner unterstützen kann?

Wenn ja, welche?

Wie soll diese genau aussehen?

Was soll nach meinem Dafürhalten meine Rolle in dem Prozess sein?

Was erhoffe ich mir von diesem Prozess?

Was darf auf keinen Fall passieren?

Wann würde ich sagen „Es war eine gute Entscheidung"?

Nehmen Sie sich zur Beantwortung dieser Fragen Zeit und seien Sie ehrlich mit sich. Ihre Antworten können Sie als Grundlage für ein Gespräch mit Ihrem Partner nutzen. Sie haben jetzt vermutlich einen genaueren Überblick über die Regelungen, die Sie brauchen, darüber, was Ihnen Sorge macht und was Sie sich wünschen.

Absprachen treffen

Seien Sie auch im Weiteren ehrlich mit sich und dem anderen. Vor allem, reden Sie mit Ihrem Partner über die unterschiedlichen Vorstellungen, damit sie gegenseitig wissen, was sie voneinander erwarten. Es gibt zwar keine Garantie, aber Aussprachen und genaue Absprachen minimieren das Konfliktpotenzial.

Wenn Sie in einer Wirtschaftsgemeinschaft leben, dann ist es jetzt höchste Zeit, wichtige Punkte abzuklären. Überlegen Sie, wie viel Zeit Sie Ihrem Partner fürs Erste zugestehen. Wann wollen Sie den Prozess noch einmal gemeinsam hinterfragen, falls Sie nicht sowieso laufend eingebunden sind. Ein solcher Zeit-raum für eine Neubetrachtung sollte nicht unter sechs Monaten angesetzt werden.

Genauso wie Sie jetzt Ihren Partner unterstützen, kann hinsichtlich Ihrer eigenen beruflichen Perspektiven möglicherweise eine vergleichbare Verabredung getroffen werden. Dies könnte so aussehen, dass Sie in einem festen Zeitrahmen den Freiraum bekommen, sich weiterzuentwickeln, und Ihr Partner Sie in dieser Zeit seinerseits entlasten wird.

Durch die anstehende Veränderung wird sich vermutlich Ihre Haushaltsorganisation ändern. Es geht jetzt darum, dass Sie darüber Vereinbarungen treffen. Dazu zählen Geld, wenn Kinder vorhanden sind, Kinderbetreuung und die allgemeinen Aufgabenverteilungen. Auf die Einhaltung der Absprachen sollten Sie bestehen. Wenn diese sich als nicht praktikabel erweisen, dann treffen Sie neue. Reden Sie miteinander darüber, sonst bahnt sich irgendwann ein heimlicher Groll seinen Weg. Dies tut keinem gut.

Was versteht man unter einer beruflichen Neuorientierung?

Wie das Wort Neuorientierung schon nahe legt, handelt es sich um einen Prozess, in dem sich der Betreffende beruflich neu orientiert. Dies kann im Endeffekt bedeuten, dass jemand später einen anderen Beruf ausübt, in einer anderen Branche tätig ist, die Klientel grundlegend wechselt, statt angestellt tätig zu sein sich selbstständig macht oder umgekehrt.

Es geht also darum, die weitere berufliche Entwicklung noch einmal neu zu bestimmen und dabei die eigene Bestimmung zu finden.

Viele Menschen kommen nach einigen Jahren Berufstätigkeit an Grenzen, entweder weil Sie alles in ihrem Feld Mögliche erreicht haben oder weil sie sich in ihrem jetzigen Feld sehr unwohl fühlen. Sie sind gelangweilt, finden keine Herausforderung mehr und resignieren. Andere haben das Gefühl, sich neu ausprobieren zu wollen. Wieder andere sind an diesem Punkt stark mit der Sinnfrage beschäftigt. Es handelt sich also nicht um einen bloßen Wechsel von einer Firma zur nächsten. Ihr Partner ist auf der Suche nach grundsätzlich neuen beruflichen Perspektiven, die im Einklang mit seiner Person stehen. Er braucht Zeit, um einen neuen Zugang zu seinen Wünschen, Fähigkeiten und Interessen zu finden.

Hier liegt der Schlüssel, um bisher unbekannte Ressourcen für eine neue berufliche Karriere zu erschließen. Aus der Beschreibung wird sicherlich deutlich, dass zu Beginn nicht feststeht, wie eine berufliche Umsetzung aussehen wird. Das ist auch gar nicht anders möglich, weil die Entwicklung einer neuen beruflichen Identität notwendig ist. Wenn der Begriff Identität verwendet wird, ist die Rede von etwas (einer Eigenschaft, der Heimat, dem Glauben, der Hautfarbe, dem Beruf), das als unverzichtbar für die eigene Person gilt. Wir zählen dazu alles, was uns dauerhaft ausmacht. Für eine solche berufliche Neuorientierung ist ein persönlicher Entwicklungsprozess unverzichtbar. Es handelt sich um einen Prozess, der typischerweise nicht linear verläuft, sondern manchmal auch vor und zurück. Oft gibt es Blockaden, die einer Entwicklung entgegenstehen. In der Regel sind sie in der Person begründet: seiner Geschichte, seiner Herkunftsfamilie, seinen Bildern über die Welt. Diese Hindernisse müssen erkannt, überprüft und bewältigt werden.

Auf was muss ich mich einstellen?

Ihr Partner wird sich mit vielem befassen: Berufliche Bestandsaufnahme gehört genauso dazu wie herauszufinden, was ihn eigentlich interessiert. Es geht darum, Talente und Interessen zu entdecken. Situationen aus seinem früheren Beruf oder der alten Firma werden ihn ebenfalls beschäftigen, denn der Weg zur zweiten Karriere geht über die Verabschiedung von der ersten. **Das ist Arbeit.** Insbesondere wird von Ihrem Partner viel Reflexion und Selbsterkenntnis gefordert. Emotional wird er vermutlich manchmal Höhen und Tiefen erleben – und Sie mit.

Es ist für Sie als Angehörigen manchmal verwirrend, mit jemand zu leben, der nicht genau formulieren kann, was er will. Zusätzlich ist der Jemand in einer Umbruchsituation. Er durchlebt typische psychische Prozesse, die mit Veränderung einhergehen. Damit etwas Neues entstehen kann, muss das Alte aufgegeben werden. Währenddessen fühlen und sind Menschen relativ ungeschützt, da die alten Muster und Schutzfunktionen sich in Auflösung befinden. Dies verunsichert die Betreffenden verständlicherweise und macht sie meist sensibler.

Was kann ich tun?

Zeit zum Zuhören

Wenn Sie Ihren Partner unterstützen wollen und er von Ihnen Hilfe annehmen kann, dann nehmen Sie sich Zeit, ihm zuzuhören. Seine früheren beruflichen Zusammenhänge bestehen nicht mehr, neue gibt es noch nicht. Er braucht jemanden zum Reden und zum Austausch.

Wenig Druck

Achten Sie darauf, selbst nicht zu schnell ungeduldig zu werden. Das ist besonders wichtig, wenn Sie mit einem sehr leistungsorientierten Partner zusammen sind. Solche Personen neigen von Hause dazu, sich selbst unter Druck zu setzen. Jeder muss seinen eigenen Rhythmus finden. Dazu gehört, dass viele lernen müssen, den Zustand auszuhalten: nicht zu wissen. Häufig muss erst diese Bedingung erfüllt sein, damit Wachstum möglich wird.

Hin und Her als normal akzeptieren

Sie helfen Ihrem Partner, wenn Sie das Auf und Ab (mal kommt er voran, mal tritt er auf der Stelle) als normal betrachten. Dennoch, achten Sie darauf, dass Sie nicht jede seiner Stimmungen mitmachen. Wenn es ihm mal schlecht geht, dürfen Sie trotzdem „gut drauf" sein. Ihre Aufgabe wird es höchstwahrscheinlich sein, den stabileren Part zu übernehmen. Das kann sich auf den emotionalen oder auch auf den beruflichen Bereich erstrecken. Das heißt dennoch nicht, dass Sie sich alles gefallen lassen sollten. Stimmungsschwankungen bedeuten nicht Misslaunigkeit.

Partner fragen

Fragen Sie Ihren Partner, welche Unterstützung er von Ihnen braucht bzw. was er als unterstützend erlebt. Bieten Sie ihm feste Zeiten für Gespräche an. Er muss entscheiden, ob er das annimmt oder einen anderen Vorschlag hat. Ein eventuelles „Nein" sollten Sie nicht automatisch als gegen sich gerichtet betrachten.

Berufliche Neuorientierung ist Arbeit

Ihr Partner braucht jetzt Freiraum, um Neues zu erkunden und um Menschen zu treffen. Das gehört jetzt zu seiner Arbeit. Geben Sie ihm diesen Freiraum. Auch Sie können profitieren, wenn neue Ideen und Impulse Ihre Beziehung bereichern. Wenn ich von Freiraum spreche, heißt das nicht, dass Sie nicht auf Verabredungen und Verpflichtungen bestehen sollen. Sie dürfen erwarten, dass er auch Ihre Belange berücksichtigt.

Seien Sie neugierig auf Ihren Partner

Im Rahmen dieses Prozesses wird Ihr Partner vermutlich Neues an sich bzw. neue Fähigkeiten und Interessen entdecken. Vielleicht ist er musisch begabt, vielleicht ein Verkaufs- oder Organisationstalent, vielleicht entdeckt er seine Liebe zu alten Büchern oder Antiquitäten, vielleicht setzt er das um, was er schon immer gesagt, aber nie getan hat. So werden auch Sie neue Seiten entdecken. Manche werden anfänglich wie zarte Pflanzen sein. Vorsicht! Spott und Ironie würgen solche empfindlichen Sprösslinge ab. Daher geben Sie ihm und sich eine Chance, indem Sie bereit sind, sich überraschen zu lassen.

Sorgen Sie gut für sich

Die Zeit an der Seite eines Partners, der sich in eine solche Umbruchsituation begibt, ist für Sie vermutlich aufregend und manchmal anstrengend.

Wenn Ihr Partner unausgeglichen ist oder keine Zeit hat, bedeutet sein Verhalten noch lange nicht, dass das gegen Sie gerichtet ist. Wenn Sie es wissen wollen, fragen Sie ihn. Umbruchzeiten bieten besonders viel Gelegenheiten für Missverständnisse, da man den Partner (und er sich selbst) in der neuen Situation nicht so gut kennt wie in der vertrauten Vergangenheit. Fragen und miteinander reden sind also gerade jetzt angebracht.

Ansonsten ist jetzt auch die Gelegenheit, etwas für Sie selber zu tun. Überlegen Sie, worauf Sie Lust haben. Sie brauchen Ihre Auszeiten, insbesondere wenn Sie zusammenleben. Handeln Sie diese Zeiten mit Ihrem Partner aus – und nutzen Sie diese. Dann sollte Ihr Wohlergehen im Mittelpunkt stehen und nicht, wie es ihm geht.

Sie brauchen darüber hinaus andere Menschen, mit denen Sie sich über Ihre Situation austauschen können. Gibt es einen Freund, eine Freundin, die dafür in Frage kommen?

Ihr Partner wird manchmal angestrengt sein, und es wird Zeiten geben, da wird er vermutlich um seine berufliche Zukunft kreisen. Er schläft mit den gleichen Themen ein, mit denen er wieder aufwacht. Der Prozess einer beruflichen Neuorientierung tangiert viele Bereiche einer Person, so dass man zu einigen Zeiten von diesem Prozess ganz erfüllt ist. Vielleicht achten Sie darauf, mit Ihrem Partner gemeinsame Auszeiten zu vereinbaren. Vielleicht bietet es sich an, ein paar Tage außerhalb Ihres Zuhauses zu entspannen. Das tut den meisten Beziehungen gerade in solchen Zeiten gut.

Vielleicht haben Sie jetzt Lust bekommen, mehr zu erfahren, und lesen das ganze Buch. Dann wünsche ich Ihnen viel Spaß.

3. Verzeichnis der Checklisten

4. Literaturempfehlungen

Analyse der Berufsbiographie:
- Schein, Edgar H., Karriereanker – Die verborgenen Muster Ihrer beruflichen Entwicklung, Darmstadt 1998

Karriereratgeber:
- Bolles, Richard Nelson, Durchstarten zum Traumjob – Ein Handbuch für Ein-, Um- und Aufsteiger, Frankfurt am Main 2002
- Brenner, Doris; Brenner, Frank, Karrierefaktor Self Assessment, m. CD-ROM, Freiburg i. Br. 2004
- Hesse, Jürgen; Schrader, Hans Christian, Das Bewerbungshandbuch, Frankfurt am Main 2002
- Hesse, Jürgen; Schrader, Hans Christian, Die perfekte Bewerbungsmappe für die Initiativbewerbung, Frankfurt am Main 1999

Kommunikation, Beratung und Coaching:
- Bohm, David, Der Dialog, Das offene Gespräch am Ende der Diskussionen, Stuttgart 1998
- Fatzer, Gerhard u.a., Qualität und Leistung von Beratung (Supervision Coaching und Organisationsentwicklung), Köln 1999
- Looss, Wolfgang, Unter vier Augen, Coaching für Manager, Frankfurt am Main 2002
- Schein, Edgar H., Prozessberatung für die Organisation der Zukunft: Der Aufbau einer helfenden Beziehung, Köln 2000
- Schulz von Thun, Friedemann, Miteinander reden 1 und 2, Hamburg 2002
- Senge, Peter M., Das Fieldbook zur fünften Disziplin, Stuttgart 1996
- Senge, Peter M., Die Fünfte Disziplin, Stuttgart 1996
- Tannen, Deborah, Das hab' ich nicht gesagt, München 1999

Psychologische Hintergründe:
- De Roeck, Bruno-Paul, Gras unter meinen Füßen – Eine ungewöhnliche Einführung in die Gestalttherapie, Offenbach 1985
- Miller, Alice, Das Drama des begabten Kindes – eine Um- und Fortschreibung, Frankfurt am Main 1996
- Simon, Fritz B., Die Familie des Familienunternehmens, Ein System zwischen Gefühl und Geschäft, Heidelberg 2002
- Stevens, John O., Die Kunst der Wahrnehmung, Übung der Gestalttherapie, Gütersloh 2002

- Von Schlippe, Arist, Familientherapie im Überblick – Basiskonzepte, Formen, Anwendungsmöglichkeiten, Junfermann, 1995
- Watzlawick, Paul, Anleitung zum Unglücklichsein, München 1988

Ergänzt durch:
Erkenntnisse aus der Hirnforschung
- Roth, Gerhard, Aus Sicht des Gehirns, Frankfurt am Main 2003

Eine interessante Analyse über die Veränderung der Berufswelt
- Sennett, Richard, Der flexible Mensch, Die Kultur des neuen Kapitalismus, Berlin 2000

Und eine provokante soziologische Betrachtung über die Folgen in der Gesellschaft und für den Einzelnen
- Sennett, Richard, Die Kultur des neuen Kapitalismus, Berlin 2005

Ein lebensbejahender Roman
- Coehlo, Paulo, Veronika beschließt zu sterben, Zürich 2000

Danke

Ein Buch wird von einem Autor geschrieben, das klingt so selbstverständlich. Ich bin mittlerweile der festen Überzeugung, dass in der Regel immer mehr Menschen als ein Autor an der Entstehung bzw. am Zustandekommen eines Buches beteiligt sind. Das trifft jedenfalls auf mich zu. Ohne die persönliche Unterstützung, ohne die Überzeugung anderer, dass sich der Aufwand lohnt, hätte ich keinen Ratgeber entwickelt.

Freunde und Bekannte haben mir ihre Zeit und Aufmerksamkeit geschenkt. Sie haben es getan trotz oft großer eigener beruflicher Belastung. Diese Tatsache hat mich in meinem Vorhaben besonders bestärkt. Mir ist es ein Anliegen und Bedürfnis, einige namentlich zu nennen.

Ohne Dr. Wolfgang Looss würde es dieses Buch gar nicht geben. Es war seine Idee, meine Überlegungen in Buchform herauszubringen. Sein Glaube an den Sinn dieses Projektes und sein Zutrauen in mich haben mir den Mut gegeben, zu schreiben und den Text wieder und wieder zu bearbeiten. Er ist ein Mentor, dessen Einfühlungsvermögen, Klarheit und Genauigkeit mich tief beeindrucken. Ich bin ihm sehr dankbar.

Mein Freund Dr. Ingo Kowarik hat mir seinen Blick als Naturwissenschaftler zur Verfügung gestellt. Er hat mit seinem unvoreingenommenem Außenblick scheinbare Klarheiten hinterfragt. Von seiner großen Erfahrung mit Texten habe ich ebenfalls profitiert.

Bedanken möchte ich mich auch bei meinen Kollegen und Freunden Hannes Reinhard und Kurt Gahleitner, die mich sehr ermutigt haben. Sie standen für fachliche Diskussionen zur Verfügung, haben viele Anregungen gegeben und so zum Gelingen beigetragen. Meine Freundin Heike Deissler war für die Entwicklung des Buches zentral. Sie war die erste Person, die es gelesen und für ihre berufliche Neuorientierung genutzt hat. Von ihr und ihrem Blickwinkel als Nutzerin habe ich wertvolle Verbesserungsvorschläge erhalten.

Patricia Steinmann hat die zentrale Aufgabe übernommen, das Manuskript nach sprachlichen Fehlern zu durchsuchen und sie zu korrigieren. Namentlich erwähnen möchte ich noch meine Kollegin Gisela Borgmann, die mir gerade während der Endredaktion wertvolle Hinweise gegeben hat.

Frau Regina Dostal ist die zuständige Lektorin im Verlag. Mit viel Engagement hat sie dieses Buchprojekt vorangetrieben. Sie war bei Bedarf immer ansprechbar und eine konstruktive Diskussionspartnerin.

Tobias Zuchtriegel, mein Partner, hat viel Zeit, Interesse und Engagement für mich und mein Projekt aufgebracht. Er war sehr geduldig mit mir, was ihm sicherlich nicht immer leicht fiel. Für mich war er der Fels in der Brandung. Am Zustandekommen des Buches hat er einen großen Anteil. Seine genauen Nachfragen und die vielen Diskussionen, die wir geführt haben, haben mich gezwungen, meinen Ansatz immer klarer zu formulieren. Von seiner Erfahrung im Umgang mit Texten habe ich ebenfalls gelernt.

Mein Dank gehört selbstverständlich im besonderen Maße Elke, die sich bereit erklärt hat, ihre Geschichte – mit all ihren Umwegen – zu erzählen und andere an den einzelnen Entwicklungsschritten teilhaben zu lassen.

Es hat mich gefreut und gerührt, wie viel Bereitschaft mir insgesamt entgegengebracht wurde. Ich fühle mich bereichert und beschenkt.

Darüber hinaus möchte ich mich noch bei allen meinen KlientInnen bedanken. Sie haben mich an ihrem beruflichen und privaten Leben, ihrem Denken und Fühlen teilhaben lassen. So konnte ich über die Jahre einen Einblick gewinnen, wie Menschen sich angesichts von Veränderungen verhalten, wie Ressourcen aktiviert und welche Unterstützungen sinnvoll sein können.

Notizen

Büroorganisation
leicht gemacht:

Den Schreibtisch im Griff

Checklisten von Ablage bis Zeitplanung

wbv.business

REGINA UMLAND

2. aktualisierte Auflage,
Bielefeld 2005, 128 Seiten, 19,90 €

ISBN 3-7639-3321-2
Best.-Nr. 60.01.335a

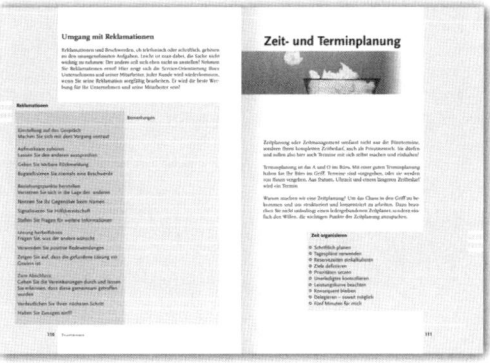

Die zweite aktualisierte und erweiterte Auflage bietet dem gestressten Schreibtischarbeiter neben Altbewährtem eine Reihe neuer Techniken und Kniffe: Projektpräsentation und -management, Selbstorganisation und Dokumentenverwaltung. Nicht lange lesen, sondern direkt ordnen und organisieren: Der Ratgeber gibt kurz und knapp die besten Tipps, Checklisten und Arbeitstechniken, um den Büroalltag zu meistern – in kurzen Texten, mit hilfreichen Listen und Selbst-Checks, wie beispielsweise zum Ablagesystem oder zur Prioritätensetzung.

Ihre Bestellmöglichkeiten: W. Bertelsmann Verlag, Postfach 10 06 33, 33506 Bielefeld
Tel.: (05 21) 9 11 01-11, Fax: (05 21) 9 11 01-19, E-Mail: service@wbv.de, Internet: www.wbv.de

W. Bertelsmann Verlag **Fachverlag für Bildung und Beruf**

Kunst der Gesprächsführung

**Effektive Kommunikation
und Kooperation –
Ein Trainingsbuch**

w.bertelsmann.business

PETRA KNECHTEL

Bielefeld 2003, 132 Seiten, 19,90 €
ISBN 3-7639-3130-9
Best.-Nr. 60.01.457

Kommunikative und soziale Kompetenzen gehören zu den in Stellenanzeigen am häufigsten nachgefragten Schlüsselqualifikationen. Dies macht deutlich, dass die Fähigkeit effektiv zu kommunizieren nicht per se vorausgesetzt werden kann. Die Autorin vermittelt grundlegende Erkenntnisse über die menschliche Kommunikation. Durch zahlreiche Übungen kann der Leser das Gelernte dabei direkt in die Praxis umsetzen.

Ihre Bestellmöglichkeiten: W. Bertelsmann Verlag, Postfach 10 06 33, 33506 Bielefeld
Tel.: (05 21) 9 11 01-11, Fax: (05 21) 9 11 01-19, E-Mail: service@wbv.de, Internet: www.wbv.de

W. Bertelsmann Verlag Fachverlag für Bildung und Beruf